부모라면 유대인처럼
하브루타로 교육하라

부모라면 유대인처럼 하브루타로 교육하라

초판 1쇄 발행 2012년 11월 5일
초판 38쇄 발행 2024년 7월 10일

지은이 전성수
펴낸이 최순영

출판 본부장 한수미
라이프 팀
디자인 함지현

펴낸곳 (주)위즈덤하우스 출판등록 2000년 5월 23일 제13-1071호
주소 서울특별시 마포구 양화로 19 합정오피스빌딩 17층
전화 02) 2179-5600 홈페이지 www.wisdomhouse.co.kr

ⓒ 전성수 2012

ISBN 978-89-91731-65-3 13590

* 이 책의 전부 또는 일부 내용을 재사용하려면 반드시 사전에 저작권자와
 ㈜위즈덤하우스의 동의를 받아야 합니다.
* 인쇄·제작 및 유통상의 파본 도서는 구입하신 서점에서 바꿔드립니다.
* 책값은 뒤표지에 있습니다.

Havruta Education

질문하고 토론하는 하브루타 교육의 기적

부모라면 유대인처럼 하브루타로 교육하라

전성수 지음

위즈덤하우스

우리의 교육은 '듣고 외우고 시험 보고 잊어버리고'의 끝없는 반복이다.
자녀의 성공과 가족의 행복이라는 두 마리의 토끼를 모두 잡는 길,

그것이 하브루타이다.

P·R·O·L·O·G·U·E

무엇이 유대인을 특별하게 만드는가

거인 골리앗을 쓰러뜨린 다윗이 자신을 질투하는 사울을 피해 숨어 지냈다는 이스라엘의 엔게디 계곡에서 한 유대인 가족을 우연히 만난 적이 있다. 나는 그 가족에게서 눈길을 돌릴 수 없었다. 이제 갓 걸음마를 뗀 아이들이 엔게디 입구에서 폭포까지 1시간이나 걸리는 그 험한 길을 제 발로 직접 오르고 있었기 때문이다. 부모는 아이들의 손만 잡아줄 뿐이었다. 게다가 목적지까지 올라가 한참 동안 폭포를 감상한 뒤 산을 내려갈 때도 아이가 스스로 걸어서 내려가게 했다.

이 사소하면서도 인상적인 풍경 속에서 나는 오늘날 유대인 교육의 힘을 보았다. 한국 부모들이라면 어땠을까? 아이의 몸에 행여 생채기라도 날까 노심초사하여 아예 산에 아이를 데려갈

::
유대인 부모는 아이가 혼자 걸을 수 있게 되면 험한 산일지라도 아이 힘으로 오르내리도록 한다. 부모는 단지 곁에서 아이가 위험해지지 않도록 도와줄 뿐이다.

엄두조차 내지 않았거나, 설령 데려가더라도 등에 업거나 안고 올라갔을 것이다. 아이의 기를 살려준다고 식당에서 소란을 피워도, 지하철 의자 위에 신발을 신고 올라가도 그냥 내버려두는 한국 부모들의 어긋난 애정이 씁쓸하게 떠오르지 않을 수 없었다.

그렇게 애지중지 키운 아이에 대한 교육열은 어떠한가? 유대인의 교육열이 높다고 하지만 '기러기 아빠'라는 신조어가 생길 정도인 우리에 비할 바는 아니다. 한국인의 지능지수(IQ)는 세계 최고 수준이며 한국 학생들은 세계에서 가장 긴 시간 동안 공부한다. 그런데도 우리보다 IQ가 평균 12점이나 낮은 유대인이 노벨상을 휩쓸고 미국의 아이비리그 대학에 훨씬 많이 입학한다. 이것이 인구 8,000여만 명의 한국인과 1,500여만 명의 유대인을 비교한 결과이다.

한국인은 지능, 공부 시간, 교육열에서 가히 세계 최고라고 할 수 있지만 그 결과는 영 신통하지 않다. 세계 최고가 될 수 있는 조건들을 두루 갖추고서도 왜 우리는 이런 결과밖에 내지 못하는 것일까? 무엇이 유대인을 그렇게 특별한 존재로 만든 것일까? 이것이 내가 유대인 교육에 관심을 가진 계기이며, 이후 6년 동안 탐구한 결과물이 바로 이 책이다.

2009년, 나는 두 차례에 걸쳐 이스라엘 곳곳을 탐방하며 그곳 유대인과 교포, 그리고 랍비를 만나 많은 인터뷰를 진행했다. 그 후 미국 로스앤젤레스의 유대인 가정, 학교, 회당을 직접 체험했다. 내가 시종일관 품었던 화두는 '무엇이 유대인을 강하게 만들었는가?'였다. 유대인에 관한 책들에는 역사 교육, 고난 교육, 영재 교육, 경제 교육, 탈무드 교육, 베갯머리 교육, 밥상머리 교육, 쩨다카 정신, 티쿤 올람_{유대교 신앙의 기본 원리 중 하나로 '세계를 고친다', 즉 '신의 창조를 인간이 완전하게 한다'는 뜻의 히브리어)}, 유머 등 그 이유가 수없이 나열되어 있다. 하지만 30여 년 교육학을 전공한 나의 직감으로는 단 하나의 비결만이 보였다. 그것은 바로 '하브루타'였다. 하브루타를 처음 접했을 때 나는 "아하, 바로 이거야!"라고 소리쳤다.

간단히 말하면, 하브루타는 '짝을 지어 질문하고 대화하고 토론하고 논쟁하는 것', 즉 '함께 이야기를 나누는 것'을 의미한다. 부모와 자녀, 교사와 학생, 친구, 동료 등 이야기를 나눌 수 있는 상대라면 모두와의 사이에서 하브루타가 이루어진다. 이야기를 진지하게 주고받으면 질문과 대답이 되고 곧 대화로 이어지며 거기서 더 전문화되면 토론과 논쟁이 된다.

단지 짝지어 질문과 대답을 주고받는 토론만으로 '특별한 유대인'이 만들어질까 의구심이 들지도 모른다. 이제부터 하브루타가 어떻게 유대인의 삶과 교육에 공기처럼 스며들어 있는지 자세하게 살펴보겠다. 이 책의 내용이 한국의 교육 환경에서 실현될 수 있다면 지금까지의 모든 패러다임을 뿌리째 뒤흔드는 교육혁명이 될 것이다. 왜냐하면 '듣는 교육'은 '묻는 교육'으로, '교사가 일방적으로 학생을 가르치는 교육'은 '교사와 학생의 소통이 이루어지는 교육'으로, '하나의 정답'은 '여러 가지 해답'으로, '성공 지향'은 '성공과 행복의 동시 추구' 등으로 모든 것이 바뀌기 때문이다.

마지막으로 고마운 분들이 많다. 이 책을 쓰는 데 가장 많은 도움을 주신 분은 쉐마교육연구원의 현용수 박사님이다. 유대인 교육에 대한 전문 서적이 턱없이 부족한 상황에서 사명감을 갖고 쉐마 교육과 관련한 도서를 20권이 넘게 집필했으며, 쉐마지도자클리닉을 열어 매번 열정적인 강의로 나의 안목과 통찰력을 높여줬다. 우리 민족을 살릴 길은 쉐마밖에 없다면서 열정적으로 설파하는 현용수 박사님에게 이 지면을 빌려 진심으로 감사드린다. 그리고 누구보다도 고마운 사람들은 우리 가족이다. 정기적으로 갖는 가족 하브루타에서 허심탄회하게 이야기를 나눠준 가족이 너무 고맙다. 지금의 나를 있게 한 어머니와, 지금의 나를 만들어준 아내와, 항상 아버지를 믿어주는 두 아들이 있기에 이 책을 힘들여 쓰는 것이 의미를 지닌다.

나는 계속 모임을 가지고 탈무드나 성서로 하브루타를 해왔다. 매번 시간을 내어 몇 시간이고 진지하게 하브루타를 함께하고 하브루타교육원을 통해 아이들을 교육하는 데 헌신하고 있는 김정완, 오철규, 박귀준, 김금선 이사님에게 고마움을 전한다. 학교 차원에서 하브루타를 실천하고 있는 벧국제학교 이홍남 교장선생님과 선생님들, 부천대에서 매주 하브루타를 함께하고 있는 레마의 교수님들과 임마누엘의 학생들에게도 감사드린다. 더불어 매주 우리 부부와 만나 하브루타와 기도를 함께 나누는 이재룡, 이윤자 부부와 이태곤, 심숙경 부부에게 고마운 마음을 전한다.

또한 이스라엘에서 인터뷰에 응해준 류모세 선교사님과, 이스라엘 현지에서 불편 없이 지낼 수 있도록 배려하고 현지 교포들이나 랍비들과 인터뷰할 수 있도록 주선해 준 이스라엘성지연구원의 김태훈 총무님에게 감사를 표한다. 더불어 예시바 사진을 쓸 수 있도록 허락해 준 예루살렘 유대학연구소 이강근 소장님에게도 감사드린다.

부디 이 책이 오직 좋은 대학과 직장을 목표로 단편적인 지식을 머릿속에 집어넣기 위해 학교와 학원에서 하루 15시간 넘도록 허비하게 만드는 이 땅의 교육 패러다임을 전환하는 교육혁명의 씨앗이 되길 감히 소망한다.

교육혁명의 씨앗을 뿌리는 마음으로
전성수 쓰다.

C·O·N·T·E·N·T·S

프롤로그_ 무엇이 유대인을 특별하게 만드는가   5
에필로그_ 바로 가는 먼 길, 돌아가는 지름길   255

1. 유대인은 하브루타 교육으로 만들어진다

••• 대화의 기적, 하브루타 교육
유대인처럼 아이와 대화하고 토론하고 논쟁하라 / 17
탈무드의 첫 장과 마지막 장은 왜 비어 있을까? / 19
좋은 질문을 하는 아이가 학급의 리더가 된다 / 22
유대인 부모는 정답을 가르쳐주지 않는다 / 26
단 하나의 정답이 아니라 가장 좋은 해답을 구하라 / 31

••• 평범한 아이를 세계 최고의 인재로 만드는 유대인 자녀교육
세계 0.25퍼센트, 노벨상 30퍼센트 / 35
유대인들은 머리가 좋다? / 38
두뇌 발달을 위한 최고의 방법, 하브루타 / 40
하브루타로 두뇌를 격동시켜라 / 42
하브루타로 우뇌와 좌뇌를 고르게 발달시켜라 / 45

••• 세계의 모든 정상에는 유대인이 있다
창의력과 상상력으로 영화계를 주도하다 / 48
법조계와 언론계를 휩쓰는 논쟁의 달인들 / 51
특유의 소통 능력으로 정계와 학계를 장악하다 / 54
설득과 관계의 전문가들, 경제계와 금융계를 휩쓸다 / 56

- **가족 하브루타로 부모와 아이 사이 0센티미터**
  유대인 가족 간의 애착은 왜 강할까? / 61
  성공과 행복을 동시에 / 66
  아이의 첫 장난감, 저금통 / 68
  노블레스 오블리주의 씨앗, 쩨다카 정신 / 72

- **생각하는 아이가 모든 것을 가진다**
  지혜를 쌓아 지식을 이용하라 / 76
  의문을 가지고 질문하는 자가 생각의 힘을 얻는다 / 78
  존경하되 비판적으로 질문하라 / 80
  다르게 생각하는 능력은 어디에서 오는가? / 81
  창의적인 인성의 출발점 / 84

2. 스스로 생각하는 아이, 말하기를 겁내지 않는 아이

- **하브루타는 책도 살아 움직이게 한다**
  책과 세상을 연결시켜라 / 91
  부모의 질문으로 아이의 호기심을 부추겨 독서력을 키워라 / 94
  하브루타는 '살아 있는 책 읽기'에서 시작된다 / 97
  저절로 성장하는 마법의 시간, 베드 타임 스토리 / 110

- **인성 교육은 밥상머리에서 시작된다**
  가족의 행복과 성공을 이끄는 천국의 식탁 / 114
  유대인만의 시크릿, 식탁을 대화와 토론의 탁자로 만들어라 / 119

••• 공부를 놀이처럼
공부와 놀이를 분리하지 마라 / 121
유대인 부모는 수수께끼와 유머 있는 놀이로 소통한다 / 124
끝없는 수다로 스트레스를 없애라 / 127

••• 시끄러워야 진짜 공부이다
시장통보다 더 시끄러운 유대인 교실 / 133
반드시 짝을 지어라 / 136
1 + 1 = ∞, 짝을 지으면 공부 효과가 극대화된다 / 142
유대인 학생들에게는 외워야 할 교과서가 없다 / 149
하브루타로 평생의 친구를 얻어라 / 155

••• 하브루타로 다르게, 새롭게 생각하라
정답은 없다. 셜록 홈즈처럼 생각하라! / 158
탈무드 논쟁은 서로의 사고를 날카롭게 벼린다 / 164
자유롭게 대화하되 형식을 갖춰라 / 167
사고를 가로막는 정답을 찾지 말고 질문을 던져라 / 172
당연한 일상에서 질문을 만들어라 / 182

3. 아이의 행복한 공부를 꿈꾸는 교육

••• 아이의 성공보다 가족의 행복을 우선하라
아빠를 그리워하는 한국 아이들 / 191
가족의 유대감을 강화하라 / 193

하루 10분, 아이에게 집중해서 대화하라 / 197

- '듣는 교육'에서 '묻는 교육'으로
  질문하는 아이 vs. 듣고 외우는 기계 / 200
  만들어진 우등생 / 203
  '마침표 질문'에서 '물음표 질문'으로 / 206

- 높은 성적보다 탄탄한 실력을 쌓아라
  성적표를 찢어라 / 209
  아이를 '정답의 노예' 아닌 '해답의 주인'으로 키워라 / 214

- 조기 학습은 엄마의 대리 만족용 욕심
  우리 아이들은 왜 소아정신과를 찾게 됐을까? / 220
  무엇을 할까? vs. 무엇을 하지 말까? / 223
  아이의 뇌가 원하는 것은? / 227

- 아이가 '진정 원하는 것'을 찾아라
  부모의 스토커 사랑이 아이를 꼭두각시로 만든다 / 231
  성적은 최상위, 동기는 최하위 / 236
  칭찬도 독이 될 수 있다 / 241

- 확고한 정체성에서 절대적 자신감이 나온다
  세계적인 유대 네트워크를 형성하는 정체성 교육 / 244
  부모의 체면과 자랑이 아이를 흔들리게 한다 / 247

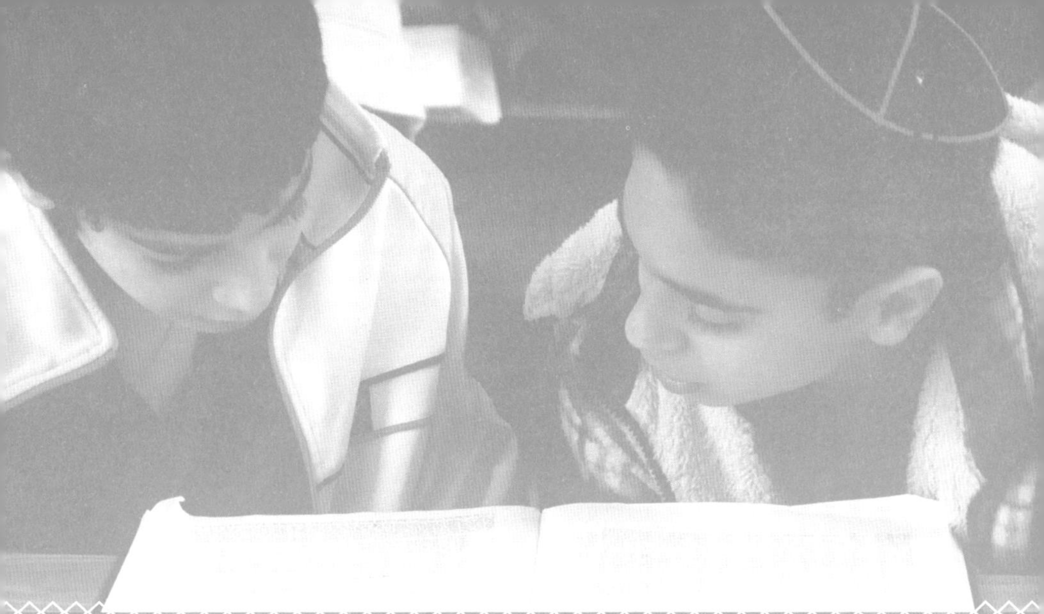

Havruta Education

유대인은
하브루타 교육으로 만들어진다

1

대화의 기적, 하브루타 교육

유대인처럼 아이와 대화하고 토론하고 논쟁하라

유대인에게 하브루타는 마치 공기와도 같아서 평생 일상적으로 실천한다. 하브루타(havruta)는 '짝을 지어 질문하고 대화하고 토론하고 논쟁하는 것', 즉 '함께 이야기를 나누는 것'을 의미한다. 하브루타의 원래 원어적인 의미는 '친구, 짝, 파트너'를 뜻하며 친구라는 뜻의 '하베르'에서 유래했다. 이것이 '짝과 함께 공부하는 것'으로 확대됐고, 그 공부 방법은 주로 질문하고 대답하고 토론하는 형태로 발전해 왔다. 하브루타는 토라나 탈무드를 공부할 때 둘씩 짝을 지어 질문하고 대답하며 대화·토론·논쟁하는 것이 대표적이다. 하지만 나는 대부분의 유대 문화가 하브루타에 기반하고 있음을 발견하게 됐다.

태교로 엄마 뱃속의 아기에게 책을 읽어주고 말을 건네는 것부터 식탁에서 부모와 자녀가 대화를 나누는 것, 아이가 잠들기 전 베갯머리에서 베드 타임 스토리를 들려주며 대화를 나누는 것, 학교에서 교사와 학생 사이, 혹은 급우들 사이에 질문과

두 사람씩 짝을 지어 탈무드를 펼쳐놓고 진지하게 토론하고 있는 아이들. 이렇게 짝을 지어 질문하고 대답하며 대화, 토론, 논쟁하는 것을 하브루타라고 한다.

대답이 오가는 것, 예시바에서 우연히 함께 마주 앉은 낯선 사람과 탈무드에 대해 토론하는 것, 회당에서 평생지기와 함께 논쟁을 통해 탈무드를 공부하는 것까지 전부를 일컬어 하브루타라고 할 수 있다. 심지어 길거리, 식당, 카페 등에서도 이야기를 나눌 상대만 있다면 모두와의 사이에서 하브루타가 이루어진다.

그래서 하브루타의 짝은 부모와 자녀, 교사와 학생, 친구, 동료, 낯선 사람 등 이야기를 나눌 수 있는 상대라면 누구라도 해당될 수 있다. 짝과 함께 이야기를 진지하게 주고받으면 질문과 대답이 되고, 그것은 곧 대화로 이어지며, 나아가 전문성이 더해지면 토론과 논쟁으로 귀결된다.

탈무드의 첫 장과 마지막 장은 왜 비어 있을까?

　탈무드는 랍비, 현자, 학자들의 논쟁집이다. 현실의 삶 속에서 어떻게 토라를 실천할 것인가에 대한 유대인의 고민은 토라에 대한 해석을 낳았다. 그리고 이런 해석들은 수많은 토론과 논쟁을 불러일으켰다. 이렇게 입에서 입으로 전해져 내려온 해석들을 편집한 내용이 '미쉬나'이고, 미쉬나에 대해 토론하고 논쟁한 내용이 '게마라'이다. 탈무드는 바로 이 두 가지를 모은 것이다. 즉 탈무드는 천 년이 넘는 세월 동안 쌓이고 쌓인 토론과 논쟁을 모아놓은 것이라 할 수 있다.

　오랜 세월에 걸쳐 정리된 현인들의 대화가 담긴 만큼 탈무드는 그야말로 정보와 지혜의 보고가 아닐 수 없다. 종교, 경제, 의학, 행복, 유머, 평화, 전쟁, 죽음 등 인생에 대한 수많은 대화가 세밀하게 담겨 있다. 삶의 모든 영역에 걸친 문제들을 폭넓게 다루기 때문에 한 번 읽고 마는 책이 아니라 평생 연구해야 할 경전처럼 여겨진다. 유대인이 탈무드를 공부할 때 한 번 읽는 데만 7년 반이 걸린다. 한마디로 탈무드는 유대인의 삶 자체이자 대표적인 자녀교육서이다.

　탈무드는 이미 완결된 책이 아니라 유구한 과거부터 현재까지 계속 발전하며 변화하는 책이다. 탈무드의 첫 장과 마지막 장은 공란으로 남아 있다. 탈무드에 1쪽이 없는 것은 아마도 우리가 언제나 삶의 과정을 살아 나가는 도중에 있다는 점을 설명하려는 의도일 것이다. 또한 탈무드를 공부하는 데 따로 시작이 없다는 의미도 담고 있다. 탈무드를 연구하는 데는 최초가 없다. 누구나 자기 삶이 놓여 있는 현재의 그곳에서 시작하여 탈무드를 배울 수 있는 것이다.

마찬가지로 탈무드의 마지막 쪽도 언제나 비어 있다. 아무것도 쓰여 있지 않은 것이다. 이것은 기존의 탈무드 연구에 더하여 각자의 인생 경험과 지식을 써넣을 수 있다는 점을 상기시키려는 목적에서이다. 아무리 뛰어난 지혜라도 매일 살아가는 삶으로 새로워지지 않으면 의미가 없다는 뜻이다.

탈무드 저자들은 그들의 가르침을 극히 소수의 사람들에게만 전수하는 신비스럽고 비밀스러운 교훈으로 생각하지 않았다. 그들은 인류 보편에 다가가길 바랐다. 그들은 자신이 써놓은 교훈을 전문 학자들뿐만 아니라 일반 사람들에게도 전하고자 했다.

유대인의 전통적인 교육 체제에 따르면 초등학교 중급 학년부터 탈무드 연구를 시작하여 점차 더 깊은 분석 수준을 거쳐 최고 수준의 학문적인 연구 단계로까지 나아간다. 이런 교육 체제의 목표 중 한 가지는 학생의 내면에 탈무드의 맛을 느끼게 해줌으로써 탈무드 연구를 평생의 과업으로 삼게 하려는 것이다.

유대인은 날마다 회당에서 탈무드를 공부한다. 유대인 회당에는 기도회를 하는 공간 옆에 탈무드 토론과 논쟁을 할 수 있는 공간이 따로 마련되어 있다. 유대인은 매일 아침과 저녁에 두 번 회당에 가서 세 번의 기도회를 갖는다. 아침이나 저녁 기도회가 끝나면 평생지기와 두셋씩 짝지어 탈무드를 공부하는 것이 그들의 일상이다. 이런 공부는 본문을 가지고 토론하고 논쟁하는 형태로 이루어진다. 그렇게 해서 평생 탈무드 공부를 하는 것이다. 이렇게 일상화된 토론과 논쟁은 유대인의 뇌를, 숫돌에 칼을 갈 듯이 날카롭게 만들어왔다.

유대인은 탈무드의 한두 구절을 가지고도 한참 동안 논쟁을 벌인다. 한 사람이 해석하면 다른 사람이 그 해석에 대해 반박하면서 논쟁이 계속된다. 그러다가 어느 정도 시간이 지나면 해석하고 질문하는 역할을 바꾸어 논쟁을 계속하는, 이른바 하브루타 공부법을 평생 해나간다. 하브루타에서 두 사람은 각자 발췌한 본문을 이해하기 위해 분투하고 보다 큰 이슈와 자기 삶에 적용하는 방법을 토론한다.

이처럼 유대인은 일생 동안 방대한 양의 탈무드를 공부한다. 처음에는 부모와 함께 하루 두세 장씩, 그리고 나이가 들면 7년 반마다 한 번씩 일독을 해가면서 평생 공부를 반복한다. 이 과정을 거듭하면서 수많은 질문과 답변을 되풀이함으로써 체계적인 사고력, 논리력, 창의력이 자연스럽게 길러지는 것이다.

무엇인가 배워간다는 것은 의문에 대한 답을 찾아가는 과정이다. 그래서 배움의 여정은 질문으로 시작해서 질문으로 끝난다. 유대인은 이것을 끝없이 계속한다. 어느 수준에 올랐다고 배움을 멈추거나 연구를 중단하는 일이 없다. 임종이 눈앞에 왔을 때조차도 머릿속 아이디어를 노트에 쓰는 데 주저하지 않았던 아인슈타인의 일화는 그런 유대인의 교육 여정을 잘 설명해 준다.

유대인은 끊임없이 배우기 위해서는 배움을 즐기라고 말한다. 지겨운 일을 오래 할 수 없듯이 배움을 즐기지 않고서는 그것을 평생 지속할 수 없는 것이다. 유대인은 아이가 세 살이 되면 꿀로 히브리어 알파벳을 적어 혀로 핥으며 글자를 깨우치도록 한다. 어릴 때부터 배움은 달콤한 것이라는 생각을 자연스럽게 느끼게 해주려는 전통이다. 아이에게 공부가 지겨운 것이 아니라 꿀처럼 달고 맛있는 것이라고 생각하게 만들어준다.

대학에 가는 것만을 공부의 목표로 삼는 우리와는 달리, 유대인은 어느 정도 어른이 된 후에, 즉 대학 때부터, 아니 더 나이가 들어서부터 참다운 학문이 시작된다고 생각한다. 그래서 그들은 어린 시절의 지능이나 성적에 거의 관심을 기울이지 않는다. 오히려 지능이 낮은 어린이, 성격이 원만하지 못한 어린이에게 더 많은 관심과 시간을 투자한다. 결코 그 아이들이 포기하거나 좌절하도록 내버려두지 않는다. 할 수 있다는 자신감과 꾸준한 노력을 더 절실하게 필요로 하는 어린이들에게 더 많이 집중하는 게 교육의 본질이라고 보기 때문이다.

좋은 질문을 하는 아이가 학급의 리더가 된다

수천 년의 유구한 세월에 걸쳐 축적된 현인들의 대화집인 방대한 분량의 탈무드를 일반 사람들도 쉽고 재미있게 읽을 수 있도록 정리한 연구가, 마빈 토케이어(Marvin Tokayer)는 "유대인 학교에서 가장 훌륭한 학생은 '좋은 질문'을 하는 학생입니다. 좋은 질문을 하는 학생이 학급의 리더가 되지요"라고 말했다.

유대인 학생들은 항상 두 사람이 짝을 이루어 탈무드를 펼치고 한 구절씩 읽어가며 토론과 논쟁을 벌인다. '탈무드 디베이트(Talmudic Debate)'라고도 불리는 이 교육 방식은 특정한 주제나 현상에 대해 있는 그대로 받아들이지 않고 끝없이 의문하여 질문하고, 더 나은 대안과 해결책을 탐색하도록 이끈다.

이러한 탈무드식 토론과 논쟁은 아이가 초등학교에 들어가기 전에 이미 가정에서부터 부모와 아이 사이에 시작된다. 유대인 부모는 아이가 어릴 때부터 토라와 탈무드를 아이의 눈높이에 맞춰 이야기를 통해 가르친다. 집에서 아버지와 아들(물론 짝을 이루기만 하면 아버지와 딸, 어머니와 아들, 어머니와 딸이 되기도 한다!)이 탈무드를 펼쳐놓은 채 서로 마주 앉는다. 아버지와 아들은 차례대로 본문을 읽고 질문과 대답을 주고받으면서 그 내용에 대해 토론한다. 질문과 토론 중심의 교육이 장소와 시간에 구애받지 않고 이루어지는 것이다. 현용수 박사는 이를 '탈무드식 논쟁법'이라고 부른다.

'질문'을 자녀 교육의 가장 중요한 덕목이라고 강조하는 유대인 부모는 항상 아이에게 질문을 던진다. 부모에게서 질문을 받은 아이는 제 답을 찾기 위해 끊임없이 생각하고 부모의 견해에 대응하기 위해 논리적인 방안을 요모조모 고심하는 과정에서 사고력을 키우고 저절로 지혜가 자란다. 이 토론에서는 이기지도 지지도 않는다. 맞고 틀리고도 없다. 정답을 찾고자 하는 것이 아니기 때문이다.

자기 생각을 말하는 데 익숙하지 않거나 남 앞에서 자기 의견을 잘 말하지 못하는 아이는 성인이 되어서도 논리적으로 말하지 못하는 경우가 많다. 하지만 유대인 아이는 그렇지 않다. 어릴 때부터 탈무드 교육뿐만 아니라 일상생활 속에서 자연스럽게 부모와 대화하면서 자기 생각을 말하고 존중받았기 때문에 그들은 자기 의견을 말하는 것을 두려워하지 않는다.

유대인 부모는 절대 아이를 강제로 앉혀놓고 억지로 공부시키지 않는다. 아이에게 뭔가를 가르치고 싶으면 그것에 관한 질문만 던질 뿐, 아이가 직접 그 질문에 대한 답을 찾도록 유도한다. 아이는 스스로 부모의 질문에 대해 다각도로 생각하는 시간을 가지면서 자발적으로 독서하고, 책을 통해 새로 얻은 생각들을 글로 정리한다. 비단 하나의 주제에만 국한되는 것이 아니다. 정치, 사회, 경제, 문화, 예술, 학문 등 여러 분야를 넘나드는 주제들이 아이에게 다양한 분야에 흥미를 느낄 수 있는 기회를 제공한다.

그래서 유대인 부모는 늘 '답을 얻기 위해 스스로 생각할 수밖에 없는 질문은 무엇일까?'를 고민한 후 가장 좋은 질문을 골라서 아이에게 던진다. 그런 부모의 노력은 아이에게도 '좋은 질문이란 무엇인가?'에 대해 생각하게 만든다. 그리고 그런 부모 슬하에 자란 아이는 질문하기를 두려워하지 않는다. 오히려 질문을 통해 지식을 얻어가는 과정이 재미있기만 하다. 수업을 잘 듣는 것보다 더 중요한 것은 자신이 궁금한 것을 물으면서 토론하는 것이다. 이렇게 질문하는 습관은 평생에 걸쳐 형성되고 반복되기 때문에 다른 민족은 따라올 수 없는 유대인만의 탁월한 뇌가 만들어진다.

유대인은 "100명이 있다면 100개의 대답이 있다"고 말한다. 그것이 유대인의 정체성을 이루는 데 가장 중요한 부분이다. 그들은 모든 주제에 대해 다른 누구도 아닌 자신만의 생각을 갖는다. 예시바의 어느 랍비는 이렇게 말했다. "탈무드는 항상 '이럴 수도 있지만 저럴 수도 있다'는 식으로 질문합니다. 질문을 받은 사람이 스스로 자기 답을 알아내도록 하는 것이지요. 그 사람 안에는 진실이 있으며 질문을 통해 그것을 이해하고자 합니다. '무엇(what)'이라는 히브리어 단어는 '인간(man)'과 어원이 같습니다. 즉 인간은 '무엇'이라는 질문을 던지는 동물입니다. 우리는 항상 질문을 던져야 하고 아이에게도 질문을 하게끔 가르칩니다."

마빈 토케이어도 그와 같은 맥락으로 "아이들이 던지는 모든 질문은 절대 그릇된 것이 없으며 오로지 어른들의 빈약하고 잘못된 답변만이 있을 뿐"이라고 이야기했다. 더불어 "아이의 가장 좋은 친구이자 교사"인 부모의 역할을 강조하면서 모든 교육은 가정에서 시작되므로 아이의 교육을 학교나 학원에 떠맡기기 이전에 부모가 먼저 책을 펼치고서 공부하는 배움의 모범을 보여야 한다고 역설했다.

유대인 부모는 정답을 가르쳐주지 않는다

하브루타는 질문으로 시작해서 질문으로 끝난다. 먼저 의문을 제기하는 질문이 있어야 토론이 되고 논쟁이 가능해지기 때문이다. 질문은 그 사람의 수준을 정확하게 보여준다. 잘 이해되지 않는 것에 대해 질문하기 때문에 질문 내용까지가 그 사람의 수준이다. 또한 질문은 그 질문을 받은 사람이 전혀 새로운 방향으로 생각하게 만드는 힘을 지녔다. 그 힘은 스스로 질문을 던지는 사람에게도 발휘된다. 질문은 생각을 결정하고, 생각은 마음가짐을 결정하며, 마음가짐은 행동을 결정하기 때문이다.

인생에서 성공과 행복을 모두 거머쥔 사람들은 자기 삶에 대해 사색할 줄 아는 사람들이다. 사색도 일종의 하브루타이다. 사색을 한다는 것은 스스로 묻고 답하는 것과 다르지 않기 때문이다. 즉 그들은 자기 자신에게 질문을 하는 사람들인 셈이다. 질문은 자기 자신이나 다른 사람들로 하여금 생각하도록 이끌고 창의성을 샘솟게 한다. 아이의 뇌를 깨워서 생각하게 하고 싶은가? 질문하라! 질문하면 뇌가 깨어나고 호기심이 생긴다.

훌륭한 카운슬러는 말을 많이 하지 않는다. 대신 귀를 활짝 열어둔 채 상대방의 말을 경청하고 그가 미처 깨닫지 못한 생각들을 스스로 정리하도록 질문을 던진다. 질문과 대답을 통해 대화를 이끌어가는 것이다. 미처 생각하지 못했던 질문을 받을 때 우리는 깜짝 놀라곤 한다.

이때 우리의 뇌는 긴장하면서 호기심을 갖는다. 그러면 뜻밖의 좋은 해답을 찾아낼 수 있다. 좋은 질문이 없으면 좋은 해답도 없다. 또 다른 좋은 질문으로도 이어지지 못한다.

사람을 자발적으로 움직이게 하는 것은 궁금해 죽을 것 같은 호기심이다. 호기심이 가득하고 궁금증이 늘어나면 질문은 자연스레 많아질 수밖에 없다. 그런데 질문을 많이 하는 것은 곧 학습의 주인이 되는 방법이다. 태어나서 유아기를 거칠 때까지 아이들은 세상 모든 것에 대해 강렬한 호기심으로 무수한 질문을 해대기 시작한다. 이 시기에 아이의 호기심과 자기 동기, 그리고 질문을 제대로 유지해 주기만 해도 우리의 교육은 성공적이다. 아이 스스로 알고 싶어서 계속 질문하고 주도적으로 공부하기만 하면 부모나 교사가 따로 해줄 것이 거의 없지 않은가?

아이의 호기심을 계속 살려서 자기 궁금증을 스스로 탐색하고 생각하고 공부하게 할 수 있느냐는 부모가 그 호기심을 얼마나 잘 받아주고 자극하느냐에 달려 있다. 한창 호기심 강한 나이의 아이들은 항상 "뭐야?", "왜?", "어떻게?" 같은 단어들을 입에 달고 산다. 이런 질문 공세에 대부분의 부모들이 대답해 주려고 무던히 노력한다. 하지만 그 대답은 대개 아이의 질문에 대해 정답을 알려주는 형태이다. 아이에게 직접 정답을 말하면 아이는 스스로 생각을 하거나 해답을 찾으려고 노력하지 않게 된다. 즉각적으로 되돌아오는 부모의 모범 답안으로 인해 아이가 스스로 해답을 찾기 위해 생각하는 수고를 들이려 하지 않는 것이다.

 이런 식의 대화는 부모도 곧 한계에 도달해서 지치고, 아이는 아이대로 더 이상 생각할 거리가 없으므로 재미도 없어진다. 물론 아이의 질문 횟수까지 점점 줄어들고, 이때부터 교육은 부모에게도 아이에게도 '힘들고 재미없는 것'으로 전락하고 만다.

 유대인의 하브루타는 아이가 궁금해 하는 것에 대해 즉각적으로 정답을 알려주는 것을 금기한다. 대신 아이의 질문에 대해 부모가 다시 반문하여 아이가 스스로 생각하도록 이끌거나, 아이와 함께 책을 찾아보면서 그 질문의 주제와 관련된 대화를 계속 이어간다. 그러기 위해서 유대인 부모는 자기 공부를 게을리하지 않는다.

 사실 아이와 대화하고 토론하기 위해서는 부모가 먼저 공부하지 않을 수 없다. 아이가 성장할수록 교육 수준은 점점 높아지고 공부 내용도 어려워지기 때문이다. 유대인 부모들은 대부분 스스로 책을 찾아 읽으며 노력한다. 그들에게 공부는 즐거움이고 평생 하는 것이다. 어려운 수학, 과학, 역사 등을 공부해서 아이를 가르치려는 것이 아니라 자신의 관심 분야를 공부해서 아이와 토론하기 위함이다. 이렇게 지속적으로 공부하는 부모의 모습은 유대인 교육의 기본이다. 유대인 공동체가 크게 관심을 기울이는 분야가 바로 성인을 대상으로 하는 교육인 것도 가히 놀랍지는 않다. 스스로 공부하는 부모를 보고 자란 아이들이 어떻게 스스로 공부하지 않을 수 있겠는가?

 질문은 그 사람의 인생을 이끌고 간다. 질문이 있어야 호기심이 생기고 내적 동기가 일어나며 스스로 찾아서 공부하게 된다. 아인슈타인은 '뉴턴의 물리학을 넘어서는 나만의 물리학은 무엇인가?'라는 질문을 던졌고, 이에 대한 해답을 찾는 과정에서 상대성 이론이 등장했다. 프로이트를 이끈 질문은 '무엇이 인간의 마음을 지배하는가?'였고, 그 질문이 무의식과 정신분석의 세계로 안내했다. 아이에게 평생 질문을 갖게 한다면 아이는 스스로 그 해답을 찾아 일생 동안 열정과 능력을 다해 몰두할 것이다. 자기주도학습을 이끄는 것도 질문이다. 질문이 생겨야 책을 찾고 인터넷을 검색하고 교사에게 질문하면서 스스로 탐구하게 된다.

대오각성(大悟覺醒)은 대부분 마음을 꿰뚫는 질문에 대한 큰 깨달음을 말하며, 그것은 주로 직접적인 체험에서 나온다. 불분명한 현상이나 의문은 체험을 통해서만 밝힐 수 있다. 결국 체험함으로써 현명한 해답을 구할 수 있다. 고대 랍비들은 너무 깊이 고민만 하는 것은 도리어 행동하는 순간을 지연시킨다고 가르쳤다. 주저하고 망설이는 것은 위험하다. 행동해야 할 순간에 결단을 내리지 않으면 좋은 기회를 놓칠 수 있다. 적절한 때에 맞추어 대담하게 행동하는 자만이 승리한다. 생각뿐만 아니라 체험과 실천 같은 실제적인 지식도 중요한 것이다.

유대인은 교육이 단순한 지식을 전달하는 행위가 아니라 영적인 일임을 인정해 왔다. 그들의 교육은 근본적으로 생명의 변화를 가져오는 것이다. 아는 것으로 끝나지 않고 아는 지식과 생활을 일치시킬 것을 강조하여 인격적으로 변화하도록 요구한다. 그들은 항상 사소한 일상

생활에서 질문을 이끌어낸다. 그런 질문을 통해 대화와 토론을 시작하는데, 토라와 탈무드로 논쟁하더라도 결말에 가서는 이것을 어떻게 나의 현재 삶에 적용할 것인가를 토론한다. 토라와 탈무드의 내용이 지금 이 순간의 나에게 어떤 의미를 갖는지 생각하는 것이다.

그렇게 정리된 생각들은 실천으로 옮긴다. 그들은 지식이 반드시 지혜와 연결돼야 하고 실생활에 활용할 수 있어야 그 진가를 발휘한다고 믿는다. 아무리 훌륭한 지혜라도 내가 지금 살아가는 데 어떤 영향도 미치지 못한다면 아무런 소용이 없기 때문이다. 이런 점이 토라와 탈무드가 고전이라는 이름으로 먼지 쌓이게 하지 않고 지금까지도 유효한 원동력일 것이다.

우리는 새로운 상황에 직면하면 그때까지 배운 것을 참고할 수밖에 없다. 그래서 마지막 순간에 힘이 되는 것은 생각하는 능력뿐이다. 우리가 뭔가를 배우는 이유는 생각하는 능력을 키우고, 지성과 감성을 연마하여 날카롭게 하기 위해서이다. 오랫동안 한 가지에 매진해 온 사람에게는 예리한 안목과 통찰력이 생긴다. 순간의 직감에 따라 내려지는 결단은 그때까지 쌓아올린 지혜에 의해 결정된다. 그런 직감이 바로 통찰력이다. 배운다는 것은 순간적인 통찰력을 얻기 위한 준비 작업인 것이다. 하브루타는 그런 통찰력을 기르는 데 아주 탁월한 방법이다.

단 하나의 정답이 아니라 가장 좋은 해답을 구하라

얼핏 보면 하브루타는 소크라테스의 질문법, 혹은 산파법과 유사하다. 소크라테스는 질문을 통해 인생에 관한 진리를 탐구하고자 했다. 그는 스스로 무지를 깨닫게 하는 반문법과 무지를 자각함으로써 진리를 파악하게 하는 산파법을 구사했다. 그의 질문법은 질문과 응답의 형식을 통해 개념을 규정해 나가는 방법이다. 이 방법을 사용할 때는 상대방의 질문에 대해 솔직하고 간결하게 대답할 것과 질문 사항에만 대답함으로써 논점을 흐리지 않아야 한다. 소크라테스가 제시한 철학의 길이란 질문과 대화를 통해 인간에게 가장 중요한 것이 무엇인지를 물음으로써 사람들의 근원적인 무지를 드러내는 것이다. 그것은 질문의 이면에 감춰져 있는 진정한 모습을 찾기 위함이다.

하브루타는 그 효과와 목적 면에서 소크라테스 질문법과 비슷하지만 핵심적인 차이점 세 가지가 있다.

첫째, 소크라테스 질문법은 주로 교사와 학생, 스승과 제자 사이에 이루어지지만 하브루타는 기본적으로 학생과 학생 사이에 이루어진다.

둘째, 소크라테스 질문법은 한 학생에게만 집중해서 대화하지만, 하브루타는 모든 학생들이 각자 집중해서 대화한다.

셋째, 소크라테스 질문법은 교사가 이미 정답을 알고 있으며 학생은 교사가 제시하는 정답을 얻도록 유도된다. 교사의 정답을 얻어내는 데 학습의 초점을 맞추면 학생은 해답을 알아가는 과정을 중요하게 여기지 않게 되어 자신의 사고력과 판단력을 비판적으로 계발할 수 있는 기회를 잃는다. 학생이 독자적으로 생각하기보다는 교사의 생각을 알아내는 데 의존하기 때문이다.

반면 하브루타는 교사의 정답에 의존하지 않고 교사와 동등하게 진리를 탐구하기 때문에 학생이 토론 과정에 더욱 집중할 수밖에 없다. 하브루타는 교사가 최종적으로 정답을 알려주는 것 자체가 불가능하다. 기정사실로 굳어진 정답에 대해서도 또 다른 질문을 해야 하는 것이 하브루타의 속성이기 때문이다. 이미 정해진 단 하나의 정답을 도출하기 위해서가 아니라, 남들과는 다른 자신만의 해답을 찾는 데 꼭 필요한 비판적인 사고력을 계발하기 위해 노력하게 되는 것이다.

질문은 진실을 추구하는 과정이다. 하브루타에 참여하는 학생들은 각자 이해하고 있는 내용을 심도 깊게 음미함으로써 텍스트에 대한 공부 차원을 넘어선다. 교사와 학생은 텍스트에 담긴 내용의 의미와 원리, 그리고 미묘한 차이까지 찾아내기 위해 함께 노력한다. 그들은 '학습과 이해'라는 끝없는 순환과정을 계속한다.

전통적인 토론과 논쟁은 설득과 합의를 목적으로 한다. 그래서 한 사람이 다른 사람을 설득하거나, 두 사람이 옳다고 인정하는 해답이나 결론이 하나로 도출되면 그 과정은 끝나버린다. 자기 생각을 주장하여 다른 사람을 설득함으로써 토론이나 논쟁에서 이기는 것이 중요하다. 하지만 하브루타는 두 사람이 대화하고 토론하고 논쟁하는 과정을 중시하므로 개별적인 해결책이 나오거나 하나의 정답에 도달해도 탐색은 끝나지 않고 학습은 제한 없이 계속된다.

 하브루타는 탐색 과정 자체에 몰두시키는 학생 중심 학습법의 독특한 형태이다. 짝을 활용하는 유대인의 전통적인 학습법인 하브루타는 텍스트를 세밀하게 연구하고, 단 하나의 옳은 정답이 아니라 가장 좋은 해답을 구하기 위해 질문과 대답이 꼬리를 물고 이어지는 토론에 몰두한다. 이것은 대화의 한 형태인 동시에 협동 학습의 한 방법이다. 텍스트의 의미를 찾는 하브루타는 개인 각자의 이해를 추구하고 확장시킨다. 그 과정 자체가 학습의 목적인 것이다.

 하브루타 학습을 활용하고 싶다면, 교사의 역할이 정보를 나눠주는 사람이 아니라 정보의 발견을 촉진하는 사람으로 변화해야 한다는 사실부터 이해해야 한다. 교사는 학생들의 답이 옳고 그름에 대한 판단뿐만 아니라 더 좋고 나쁨에 대한 판단도 해야 한다. 자신이 왜 그런 답에 도달했는지 증명할 수 있도록 학생들에게 되묻는 질문을 준비하는 것은 필수이다. 교사가 미리 마련해 둔 자신의 결론으로 이끌려 한다면 학생들은 스스로 생각하기를 멈출 것이다. 하브루타는 교사가 학생들에게서 정답을 듣는 것이 아니라 학생들이 스스로 비판적으로 생각하여 자기만의 사고 방법을 갈고닦는 데 중점을 둔다. 이것이 우리가 흔히 말하는 '열린 토론'이다.

 대개 지식을 전달하는 강의 중심의 교실에서 교사가 하브루타를 시도하면 교사와 한 학생 사이의 소크라테스 질문법과 비슷해진다. 하브루타를 활성화하기 위해서는 교사와 학생의 토론이 아니라 학생들끼리의 토론이 가능해야 한다. 학생들이 스스로 특정한 본문이나 주제에 대해 토론하고, 교사는 단지 조언자 역할에 머물러야 한다. 부모나 교사가 조금만 관점을 달리하면 교육 현장에서 하브루타를 다양하게 활용할 수 있다. 이를 통해 학생들은 보다 넓고 깊은 이해에 도달하며, 자기 의견을 논리적으로 표현하고, 서로의 아이디어에 대해 열린 마음으로 경청하는 법을 터득한다.

평범한 아이를 세계 최고의
인재로 만드는 유대인 자녀교육

세계 0.25퍼센트, 노벨상 30퍼센트

　유대인은 세계 경제와 정치와 문화 전반에 걸쳐 놀라운 성과를 거두어들이고 있을 뿐만 아니라 세계적인 유수의 상들까지 휩쓴다.
　웹사이트 '유대인 정보(JINFO.ORG)'의 통계에 의하면 1901년부터 2011년까지 노벨상을 받은 사람들 가운데 유대인 개인 수상자는 185명으로 전체 수상자의 22퍼센트를, 그중에서 무려 생리의학은 54퍼센트, 물리는 49퍼센트, 화학은 32퍼센트, 경제는 28퍼센트를 차지한다. 국가별로는 미국이 전체 수상자들 중 40퍼센트 정도로 단연 1위인데, 또 여기에서 거의 절반인 40퍼센트가 유대인이다. 2011년에도 화학, 물리, 생리의학 등의 부문에서 유대인 4명이 노벨상을 받았다. 이것은 자신이 유대인이라고 밝힌 사람만을 대상으로 조사한 것일 뿐, 통설에 따르면 유대인으로 드러나지 않은 노벨 수상자까지 합한다면 그 비율은 훨씬 높아져 30퍼센트 내외를 차지한다.

사실 유대인은 자기 민족이 노벨 수상자를 많이 배출하고 있다는 것을 드러내거나 강조하지 않는 편이다. 미국의 대도시나 세계 곳곳에 유대인 박물관이 있지만 노벨 수상자와 관련된 전시물은 찾아보기 어렵다. 유대인은 노벨 수상자들 가운데 누가 유대인인지 구체적인 통계도 밝히지 않는다. 유대인의 노벨상에 대해 언급하는 책마다 그 수치가 다른 것은 그 때문이다.

그들이 유대인임을 잘 밝히려 하지 않는 이유는 아픈 역사에서 기인한다. 그들은 오랜 세월 동안 나라 없이 떠돌며 무수한 박해 속에 살아왔다. 모난 돌이 정을 맞는다고, 사회에서 두각을 나타내면 어김없이 박해로 돌아왔던 것이다. 그래서 유대인 박물관 어디를 가더라도 노벨상 관련 자료는 없지만 유대 민족의 박해에 관한 역사 자료는 반드시 구비되어 있다. 예를 들어 로스앤젤레스에 있는 유대인 박물관은 '관용의 박물관(Museum of Tolerance)'이라 불리는데, 아돌프 히틀러의 유대인 대학살을 비롯한 박해 관련 자료를 체계적으로 정리해 놓았다. 그들의 모토는 "용서는 하되, 잊지는 말자"이다.

다만 이스라엘의 텔아비브에서 조금 떨어진 곳에는 노벨상 거리가 있다. 이곳에는 높은 석상들이 줄지어 있는데, 바로 노벨상을 받은 유대인들을 석상으로 조각하여 기념하기 위함이다. 2011년까지 공식적으로 유대인이라고 확인된 185명의 기념 석상이 늘어서 있다. 세계 인구의 0.25퍼센트에 불과한 유대인 인구를 감안하면 이는 세계 평균의 100배가 넘는 수치이다. 13억 중국계가 7명, 15억 이슬람계가 9명의 노벨 수상자를 배출한 것에 비하면 얼마나 놀라운 숫자인가?

유대인이 많이 받는 상은 노벨상뿐만이 아니다. 미국과학재단(NSF, National Science Foundation)이 생물학, 화학, 공학, 수학, 물리학 등에서 지식의 발전에 중요하게 공헌한 사람을 선정하여 시상하는 미국과학상(US National Medal of Science)이 있는데, 이 상에서도 유대인이 38퍼센트를 차지한다. 또한 컴퓨터와 전산 분야 노벨상이라고 불리는 ACM 튜링상의 경우에도 유대인이 차지하는 비율은 25퍼센트나 된다. 최고의 과학상으로 알려진 웨스팅하우스과학상(Westinghouse Science Prize)은 전체 수상의 20~30퍼센트를 유대인이 받는 것으로 알려져 있다.

그리고 기초과학, 첨단기술, 사상예술 부문에 현저한 공적이 있는 사람에게 수여하는 국제 상인 교토상(Kyoto Prize) 수상자 역시 유대인이 25퍼센트를 차지한다(1998년에는 백남준이 사상예술 부문에서 교토상을 수상한 바 있다). 울프상(Wolf Foundation Prize) 수상자의 33퍼센트도 유대인이다. 울프상은 1978년 이래 인종, 피부색, 종교, 성별, 정치적 시각과 관계없이 인류의 이익과 우호 관계 증진에 기여한 사람들 중에서 화학, 수학, 의학, 물리학, 농학, 예술 부문으로 나누어 생존 과학자와 예술가에게 해마다 수여하는 상이다.

유대인들은 머리가 좋다?

이쯤 되면 유대인이 차지하는 비율과 수치에 감탄하다가 지쳐버린다. 유대인이 뛰어나다는 이야기로 귀에 딱지가 앉을 지경이니 더는 그들에 관한 이야기를 듣고 싶지 않다. 하지만 유대인이 그만큼 세계적으로 두각을 나타내는 이유가 무엇인지 궁금해지지 않는가. 과연 유대인의 지능이 월등히 높기 때문일까?

세계에 흩어져 있는 유대인들만의 IQ를 따로 측정하기는 어려우므로 유대인의 지능을 알기 위해서는 유대인이 모여 있는 이스라엘을 살펴봐야 한다. 영국 얼스터대 리처드 린 교수와 핀란드 헬싱키대 타투 반하넨 교수가 세계 185개국의 평균 지능지수를 발표한 결과에 따르면, 이스라엘은 평균 IQ가 94점으로 세계 45위에 머물러 있다. 동아시아의 주요 나라들은 물론 유럽과 미국에도 뒤지는 것으로 나타난다. 평균 IQ가 106점인 우리와는 평균 12점의 차이를 보이는데 이 정도라면 매우 큰 격차이다. 유대인이 타고난 머리가 좋아서 노벨상을 많이 받고 세계적인 무대에서 활약한다고 볼 수는 없음을 보여준다. 즉 유대인은 선천적으로 태어나는 것이 아니라 후천적으로 만들어진다는 것이 증명된 셈이다.

사실 유대인은 '머리 좋은 민족'이라는 말을 싫어한다. 다만 문화적인 요인과 교육 방법이 자신들을 그렇게 만들었다고 이야기한다. 인류의 역사상 가장 극심하게 박해받는 동안 유대인이 기댈 데라고는 지식

뿐이었다. 지식이 유일한 최상의 가치였다. 땅도 집도 돈도 빼앗을 수 있지만 머릿속에 든 지식이나 지혜는 결코 빼앗을 수 없기 때문이다.

2009년 노벨화학상 수상자인 71세 할머니 아다 요나트는 「KBS 스페셜」과의 인터뷰에서 자신이 노벨상을 받게 된 이유에 대해 이렇게 말했다. "우리는 이 길 말고 별다른 대안이 없었습니다. 역사적으로 살펴보면 유대인은 농사지을 땅도 없었고 직업도 마음대로 정할 수 없었지요. 그래서 우리가 할 수 있는 것에 집중할 수밖에 없었답니다." 수천 년 동안 고난 속에서 핍박당한 유대인의 창조성이 어디에서 기인하는지를 분명하게 알게 해주는 말이다.

『더 룰(The Rule)』의 저자 앤드류 J. 서터(Andrew J. Sutter)도 유대인의 탁월한 두뇌 노동 능력은 유전자로만 설명할 수 없다고 말했다. 유대인의 교육을 가만히 들여다보면 좋은 머리로 태어났다기보다는 머리가 좋아지도록 키워진다는 것을 알 수 있다. 유대인은 아이가 머리를 쓰지 않고는 견딜 수 없도록 아예 가정이나 학교 시스템을 전부 그렇게 짜 놓는다. 또한 아이가 아주 어릴 때부터 유대인답게 사는 것은 몸보다 머리를 써서 사는 것이라고 가르친다. 하지만 머리를 쓰게 한다는 것이 책을 읽힌다거나 수학 문제를 풀게 만드는 것을 말하지는 않는다.

대신 아이가 무엇에 관심을 보이고 흥미를 느끼는지, 어떤 특별한 창의성을 지녔는지, 어떤 잠재력을 품었는지 주의 깊게 관찰해서 그것을 계발시키기 위해 꾸준히 대화한다. 아이를 세상 속에 자연스럽게 풀어놓고 최대한 많은 것을 직접 느끼고 생각하게 만들어 열린 사고 구조를 가지게 하는 것이다. 세상에서 가능한 주제라면 전부 그에 관해 대화하고 토론하며 논쟁한다. 유대인의 성공 비결은 좋은 머리가 아니라 하브루타에서 찾아야 한다.

두뇌 발달을 위한 최고의 방법, 하브루타

나는 오래전부터 뇌과학에 관심을 가져왔고, 자녀교육을 연구하면서 가장 많이 읽은 책들 역시 뇌에 대한 것이다. 왜냐하면 '나'는 곧 나의 '뇌'이고 공부도 그 뇌로 하기 때문이다. 우리가 교육을 통해 얻고자 하는 지식, 지혜, 안목, 사고력, 통찰력, 가치관, 정체성, 지성, 감성 어떤 것이든 모두 뇌의 작용이다. 그러므로 뇌를 모르고서 교육에 대해 이야기할 수 없다.

신장이나 간 같은 장기에 이상이 생기면 다른 장기로 대체할 수 있다. 그러나 뇌는 다른 사람의 뇌로 바꿔 넣을 수 없다. 그런데 먼 미래에 의술이 발달하여 뇌를 이식할 수 있게 돼도 뇌가 바뀌면 나는 여전히 '나'일 수 있을까? 뇌가 바뀌면 생각, 마음, 행동이 모두 달라지므로 이미 내가 아니다.

나는 누구인가? 자아란 무엇인가? 이 질문에 대한 가장 실제적인 정답은 '나는 곧 뇌이며, 내 자아 역시 뇌'라는 것이다. 마음이 어디에 있는지 물으면 대부분 가슴을 먼저 떠올리지만 마음은 뇌에 있다. 사랑의 감정도, 분노의 감정도 뇌가 주관한다. 뇌가 생각을 멈추면 내 마음은 사라진다. 이처럼 회백색의 주름지고 물렁물렁한 뇌가 곧 나이며, 여기에서 마음이 생성되고 인격과 성격이 드러난다. 인생을 살아가면서 나 자신을 깨우고 계발한다는 의미는 곧 나의 뇌를 깨우고 계발한다는 뜻이다.

두뇌를 발달시키려면 '자극'이 가장 중요하다. 짝을 지어 질문하고 대답하고 토론하고 논쟁하는 하브루타는 뇌를 역동적으로 자극하여, 즉 뇌를 격동시켜 최고의 두뇌로 만들어주는 데 결정적인 기여를 한다. 질문과 대답이 오가는 토론과 논쟁만큼 뇌를 활발하게 움직이도록 하는 것은 없기 때문이다. 토론과 논쟁은 그 자체로 '경쟁'이라는 강력한 동기를 지니기 때문에 상대방의 말에 반박할 논리를 찾고 곧바로 질문에 답변하려면 뇌가 가만있을 수 없다.

뇌를 격동시킨다는 말은 '생각'을 하게 만든다는 뜻이다. 질문을 하려면 그 사람은 물론 대답을 돌려줘야 하는 사람도 그 주제에 대해 생각할 수밖에 없다. 질문과 대답이 오가는 토론과 논쟁 과정도 마찬가지이다. 상대방이 하는 이야기를 듣는 동시에 그 이야기에 대해 반박할 말과 논리를 치열하게 생각해야 한다. 따라서 어떤 주제든 가리지 않는 하브루타는 세상의 모든 대상과 사물에 대해 열심히 생각하게 만든다.

하브루타는 다양한 견해, 다양한 관점, 다양한 시각을 갖게 한다. 토론과 논쟁은 객관적으로 인정된 사실에 대해서도 질문을 하도록 요구한다. 당연하게 생각하는 것까지도 뒤집어 생각하게 한다. 상대방의 의견과는 다른 나만의 견해를 가져야 하기 때문이다. 같은 의견으로는 토론과 논쟁이 성립되지 않고 일반적인 상식으로는 도저히 이길 수 없기 때문이다. 그래서 하브루타는 나만의 생각, 새로운 생각, 남과 다른 생각을 중요하게 여기는데 다르게, 그리고 새롭게 생각하는 능력이 바로 창의성이다. 하브루타는 본질적으로 다른 생각, 새로운 생각을 요구한다. 탈무드는 랍비와 현자들의 토론과 논쟁을 집대성한 책인데, 그런 대가들의 견해에 대해서도 질문을 통해 다른 견해를 갖게 하는 것이 하브루타이다.

하브루타로 두뇌를 격동시켜라

두뇌 발달에 가장 나쁜 것은 늘 같은 상황을 반복적으로 경험하는 것이다. 동일한 의견과 방법을 요구하는 '무조건 외우기'는 뇌가 발달하는 데 가장 악영향을 미치는 요인 중 하나이다. 인간의 뇌는 믿기지 않을 만큼 유연하다. 뇌는 자극에 반응해서 배우고 적응할 수 있으며 무엇이든 필요한 기술을 개선하여 세련되게 만들 수 있다. 새로운 자극을 원하는 뇌는 똑같은 반복을 싫어하므로 교육은 '새로움'과 '다름'을 추구해야 한다.

따라서 새로운 것에 대한 아이의 무한한 호기심이야말로 뇌의 발달을 크게 자극한다. 이 시기에 자유로운 분위기 속에서 탐구심과 모험심을 북돋워 지적 자극을 주는 대신 '하지 마! 안 돼! 도대체 왜 그래?' 같은 말을 자주 듣게 되면 아이의 뇌 발달에 지장을 초래하여 지능지수나 인지 능력마저 떨어지게 된다.

하브루타는 날마다 다른 주제를 심도 있게 다루기 때문에 뇌가 가장 좋아하는 교육 방법이다. 더욱이 손짓과 몸짓을 더해 자기 생각을 표현하며 큰소리로 토론하고 논쟁하는 하브루타는 새로운 내용을 빠르게 익히는 데 아주 효율적이다. 책상에만 꼼짝없이 앉아 있는 공부는 결코 오래가지 못한다. 그것은 뇌가 아주 싫어하는 공부법이다.

뇌는 우리 몸무게의 2~3퍼센트인 1.4킬로그램에 불과하지만 산소 소비량은 25퍼센트에 이른다. 손과 몸과 입을 움직이는 토론과 논쟁은 산소를 가장 많이 소비하는 뇌에 혈액을 빠르게 공급하여 뇌가 신속하게 움직이도록 한다. 그래서 뭔가를 외울 때도 걷는 등 몸을 움직여 리듬과 박자를 가지고 접근하면 뇌에 산소가 공급되어 공부의 효율성이 높아진다. 유대인이 평균 94점의 IQ로 세계 최고의 IQ를 가진 한국인보다 좋은 성과를 낳는 것은 후천적으로 뇌를 격동시켜 계발하는 데 있다.

하브루타를 통해 뇌를 격동시키면 체계적이고 종합적인 사고력을 증진할 수 있다. 상대방의 말을 반박하고 설득하기 위해서는 논리적이고 분석적인 사고력만으로는 충분하지 않다. 상대방의 논리를 압도하는, 새롭고 강력한 논증의 개발이 필수적이다. 상대 논리의 허점을 극복하고 더 나은 대안과 해결책을 아울러 제시할 수 있는 종합적 사고력이 필요한 것이다.

그뿐만 아니라 하브루타를 하게 되면 창의적인 문제 해결 능력이 길러진다. 자신에게 제기된 문제를 해결하기 위해 아이디어를 제시하고 그에 대한 가설을 세워 검증하는 등 새롭고 다양한 해결책을 모색하는 종합적 정신 능력인 고등사고력이 함양되는 것이다. 고등사고력에 대한 논의는 매우 다양하지만 많은 사람들이 공통적으로 인정하는 점은 비판적 사고, 확산적 사고, 과정적 사고를 중시한다는 것이다. 이 세 가지는 토론과 논쟁이 핵심적으로 요구하는 능력이다.

더불어 하브루타는 의사소통 능력, 경청 능력, 설득 능력을 기르는 데 가장 효과적인 방법이다. 최근 들어 소통과 관계의 중요성이 점점 부각되고 있다. 아무리 뛰어난 실력을 갖춰도 인간관계를 통해 풀어내지 못하면 무용지물이다. 아무리 좋은 아이디어를 가졌더라도 그것을 다른 사람에게 설명하여 설득하지 못하면 전혀 쓸모가 없다. 하브루타 자체가 대화와 토론이기 때문에 의사소통 능력은 자연스럽게 생겨난다. 저절로 다른 사람의 말을 경청할 수밖에 없고 다른 사람을 설득할 수 있는 능력까지 길러진다.

하브루타로 우뇌와 좌뇌를 고르게 발달시켜라

한국인은 세계에서 가장 지능지수가 높은 민족이다. 그것은 우리나라의 '젓가락 문화'와도 깊은 관련이 있다. 뇌에서 차지하는 신체 각 부분의 영역은 신체 부위별로 모두 다른데, 얼굴과 몸통에 비해 손이 가장 많은 영역인 30퍼센트 정도를 차지한다. 따라서 손을 많이 움직일수록 뇌가 쉽게 활성화된다. 아기에게 '잼잼'이나 '곤지곤지'를 시키는 것이나 아이에게 젓가락질을 가르치는 것은 뇌를 자극하는 아주 좋은 방법이다.

그런데 손 다음으로 뇌에서 많은 비중을 차지하는 것은 무엇일까? 그것은 입이다. 우리가 주목할 점은 어릴 때는 뇌를 자극하는 데 손이 크게 작용하지만, 자라면서 점점 입의 역할이 중요해진다는 것이다. 우리나라의 경우 젓가락 문화 덕분에 IQ는 높지만 그 이후 토론과 논쟁이 낯선 문화 속에서 입을 사용할 기회가 별로 없다. 우리나라 학생들은 학교에서 "조용히 해! 입 다물어! 떠들지 마!" 같은 말을 가장 많이 듣는다. 한국인과 유대인의 차이는 바로 여기에서 생겨난다. 바꿔 말하면 우리가 '입'을 활발하게 움직여야 하는 하브루타를 수용한다면 유대인 이상의 능력을 발휘할 수 있다는 이야기이다.

우뇌 성향인 한국인은 감성과 직관이 발달했고 시각적이며 창의적이다. 그래서 감정에 쉽게 흔들리는 '냄비 근성'을 보이기도 하지만 골프, 사격, 양궁처럼 시각과 감각을 필요로 하는 경기에 강하다. 20세기가 좌뇌의 시대였다면 21세기는 우뇌의 시대이다. 최근에 세계적으로 한류 열풍이 부는 것도 뇌와 관련 있다. 한국인은 어느 날 갑자기 우수해지지 않았다. 우리의 우뇌 성향과 21세기의 우뇌적인 흐름이 맞아떨어져 한국 영화가 국제적인 영화상을 받고, 한국 드라마에 세계인들이 빠져들고, 한국 대중가요가 유행처럼 번지는 것이다.

그러나 한국인에게는 좌뇌의 특성들이 매우 부족하다. 이성적이고 합리적이지 못하며, 분석하거나 논리적으로 따지는 것을 싫어한다. 아무리 21세기에는 우뇌가 강세라고 해도 우리에게는 좌뇌와 우뇌를 골고루 사용하여 종합적이고 통합적인 사고를 할 수 있는 능력이 필요하다. 우뇌 성향인 한국인에게 하브루타는 논리적이고 분석적인 좌뇌의 사고를 보완해 줄 수 있는 최고의 방법이다. 토론과 논쟁은 논리와 분석을 토대로 이성적이고 합리적인 결론에 이르게 하기 때문이다.

논리적으로 생각하게 되면 개인적인 감정을 억제하고 많은 사람들이 동의할 수 있는 합리적인 이유를 찾으려 한다. 자신이 가졌던 첫인상과 했던 생각이 선입견과 편견은 아닌지 의심하게 되며, 자기 의견이 틀릴 수 있다는 것을 인정한다. 또한 그동안 그럴듯한 이유를 내세워 포장하거나 합리화하지 않았는지 되묻기를 게을리하지 않는다. 자기 생각과 달라도 다른 사람의 생각을 주의 깊게 들으며, 그 비교를 통해 자신이 잘못 생각했음이 드러나면 자기 생각을 흔쾌히 바꿀 수 있다. 복잡하고 이해하기 힘든 주장도 명확하게 이해하려 노력하고, 그 주장이 어떤 근거에서 나왔는지 따져보게 된다.

사실 우리는 토론이나 논쟁을 부정적인 의미로 취급하곤 했다. 전통적으로 인화(人和)와 체면을 중시했기 때문일 것이다. 한국인은 논쟁을, 상대방의 말꼬리를 잡거나 자기주장만을 고집하며 따져드는 말싸움으로 이해하는 경향이 있다. 그러나 논쟁이라는 단어에서 '쟁(爭)'은 싸움을 뜻하지 않는다. '쟁'은 서로 다른 입장이 '대립'되어 있다는 뜻이다. 우리는 논쟁에서 반대편에 서는 것을 나에 대해 반대하는 것으로 받아들여 기분 나쁘게 여긴다. 하지만 반대편에 서는 것은 나 자신에 대해 반대하는 것이 아니라 내 생각에 대해 다른 입장을 취하는 것이다. 이것은 오히려 사고의 지평을 열 수 있는 기회로 작용한다. 상대방의 생각은 나로 하여금 '다르게 생각해' 볼 수 있게 해주기 때문이다.

발전, 진보, 성장은 늘 '다른 것'과 '새로운 것'의 결합을 통해 이루어졌다. 우리의 사고는 물론 삶 역시 익숙한 것이 아닌 새로운 것을 받아들이면서 성장한다. 멈춰 있거나 고여 있는 것을 한사코 거부하고 늘 역동적으로 새로워지는 삶을 살게 하는 비결, 그것이 하브루타 속에 숨어 있다.

H·A·V·R·U·T·A

세계의 모든 정상에는
유대인이 있다

창의력과 상상력으로 영화계를 주도하다

세계 최고의 권위를 인정받는 물리학자 알베르트 아인슈타인, 정신분석학자 지그문트 프로이트, 정치학자 헨리 키신저, 영화감독 스티븐 스필버그…… 이 인물들의 공통점은 어릴 때부터 자유롭게 상상하고 사고할 수 있는 분위기에서 자랐다는 점이다. 그리고 그들은 모두 유대인이다.

유대 민족은 추상적인 사고력을 필요로 하는 여러 분야에서 수많은 인물들을 배출해 왔다. 학계는 물론 금융이나 유통같이 돈이나 물건의 흐름과 관계된 비즈니스에서도 유대인은 어김없이 성공 가도를 달리고 있다. 이처럼 유대인의 추상 능력이 우수한 것은 어릴 때부터 추상적인 개념으로서의 하나님에 대해 깊이 생각하는 습관을 길들여왔기 때문이다.

놀라운 기억력의 소유자인 에란 카츠는 유대인의 성공 비결에 대해 상상력이라고 대답했다. 유대인은 오래전부터 우상 숭배를 금지하고 눈에 보이지 않는 하나님을 따랐다. 즉 구체적인 대상이 아닌 추상적인 개념을 믿었던 것이다. 추상 능력은 상상력을 전제로 한다. 이런 상상력은 불가능해 보이는 목표일지라도 그것을 꿈꾸고 상상하는 순간 거기에 다가서게 만든다. 유대인의 생존력은 바로 상상의 힘에서 나온 것이다.

유대인은 어릴 때부터 '보이지 않는 추상의 하나님'에 대해 습관적으로 생각한다. 하나님은 언제나 추상의 영역에 존재하며, 그런 까닭에 유대인은 항상 구상화될 수 없는 하나님을 생각하는 훈련을 계속하고 있는 셈이다. 이것이 사물을 논리적이고 추상적으로 생각하도록 만드는 요인으로 작용한다. 따라서 유대 민족의 아이들에게 '하나님'이란 정신적인 영역을 성장시키고 사고력을 확장시키는 에너지원인 것이다.

유대 민족의 '지혜의 보고'인 탈무드 역시 성서와 마찬가지로 온갖 상징으로 넘쳐난다. 상징은 상상력에 호소한다. 마음의 언어이며 영적인 언어이기 때문이다. 글이나 말로는 표현할 수 없는 영역이라도 상징은 충분히 그 의미를 전달할 수 있다. 그뿐만 아니라 유대인은 어느 민족보다 이야깃거리가 풍족하다. 유대 정신의 핵심인 토라 자체가 흥미로운 이야기들로 가득하다. 이집트에서 노예로 핍박받던 유대인들을 탈출시킨 예언자 모세, 돌팔매질로 적장인 거인 골리앗을 쓰러뜨린 소년 다윗, 잠든 틈에 머리카락이 잘려 괴력을 잃어버린 삼손, 고래 뱃속에 들어갔다 나온 요나 등 무궁무진한 이야기의 보고이다. 유대인은 아이에게 '배움이 즐겁고 꿀처럼 달콤하다'는 인식을 심어주는 데 이런 풍성한 이야깃거리들을 십분 활용한다.

그래선지 세계의 영화계에서는 유독 유대인을 많이 만날 수 있다. 영화는 이야기를 전하는 첨단의 표현 수단이 아닌가? 할리우드의 상당 부분을 차지한 유대인의 힘은 바로 스토리텔링에서 기인한다. 여기에 유대인의 공동체 의식과 협동심도 한몫한다. 사실 예술가들에게 가장 부족한 것이 바로 그것이다. 예술가들은 개성이 뚜렷하고 자존심이 세서 잘 협력하지 못한다. 그러나 유대인은 종합예술인 영화에서 공동체 의식으로 강한 협동심을 발휘한다. 각자가 맡은 부분에서 서로 협력하면서 자기 일을 훌륭하게 처리한다.

할리우드 영화는 전 세계의 영화관에서 상영되는 영화의 85퍼센트를 차지한다. 할리우드 영화도 유대인들로부터 시작된 것이다. 1930년대까지 당시 영화 시장을 독점하던 미국 영화사들은 모두 유대인이 소유하고 있었으며 할리우드의 감독, 시나리오작가, 제작자 등 영화계 인사 중 60퍼센트 이상이 유대인이었다. 게다가 미국의 7대 메이저 영화사인 파라마운트, MGM, 워너브라더스, 유니버설스튜디오, 20세기폭스, 컬럼비아, 디즈니 중에서 디즈니를 뺀 나머지 여섯 영화사들도 모두 유대인이 창업했다는 사실을 아는가? 오늘날도 별다르지 않아서 할리우드 영화계의 상당수를 차지하고 있는 유대인과 인연을 맺지 않으면 성공하기 어려울 정도라고 한다.

영화계뿐만 아니라 미국 코미디언들의 80퍼센트 역시 유대인이다. 방대한 탈무드에는 다채로운 유머들이 곳곳에 숨어 있다. 탈무드를 바탕으로 만들어진 유대인의 유머는 기지와 해학으로 번뜩일 뿐만 아니라 역경과 고난을 극복하게 해주는 원동력이다. 유머 감각이 뛰어난 사람은 두뇌가 유연하고 창조적이다. 유대인은 그저 열심히 공부만 하는 사람은 성공하기 어렵다고 여긴다. 성실하고 고지식한 머릿속에는 개성과 상상력이 들어설 자리가 없기 때문이다. 유머는 수수께끼처럼 연상 능력과 순발력, 빠른 두뇌 회전을 필요로 한다. 유머로 먹고사는 코미디언들 중에 유대인이 많은 것도 이런 배경 덕분이다.

법조계와 언론계를 휩쓰는 논쟁의 달인들

하브루타의 가장 전형적인 모델은 검사와 변호사가 날카롭게 주고받는 법정 공방에서 목격할 수 있다. 미국의 영화·드라마·소설 속에 빈번히 등장하는 법정 풍경을 통해 알 수 있듯이 법조계는 무수한 논쟁이 진행되고, 반박 증거가 제시되면서 극적인 반전이 일어나고, 논리를 치열하게 다투는 머리싸움이 일어나는 말의 전쟁터이다. 자신이 옳다는 것을 증명하기 위해 그 주장을 뒷받침하는 증거를 수집하고, 감정과 정서에 바탕을 둔 호소력 짙은 말솜씨로 청중을 설득해야 한다. 그런 점에서 하브루타는 검사, 변호사, 판사, 법률가에게 필요한 것들을 전부 제공한다. 하브루타의 연장선상에 법정 논쟁이 있기 때문이다.

수많은 이민자들에 의해 세워진 다민족, 다인종 국가인 미국은 극심한 갈등을 해결하기 위해 합리적이고 체계적인 법률이 필요했다. 더불어 미국의 민주주의를 유지하기 위해서는 언론이 큰 역할을 할 수밖에 없었으며 그 언론에 의해 권력이 탄생하고 유지됐다. 그만큼 미국 역사의 근간을 이루는 가장 중요한 분야는 법률과 언론이다. 이 두 분야를 가만히 들여다보면 여기에서 가장 큰 힘을 발휘하는 사람들도 바로 유대인임을 알게 된다.

사실 탈무드가 처음 다루는 것은 '법'이다. 토라 자체가 하나님이 명령한 율법이기 때문이다. 제사장이나 랍비의 가장 중요한 역할은 백성들의 크고 작은 문제를 판결하는 것이었다. 그래서 법과 판결에 대한 이야기가 탈무드에서 가장 많은 비중을 차지한다. 그런 연유로 유대인은 법률을 공부하는 최고의 교과서라면 탈무드를 첫손에 꼽는다.

일상적인 하브루타로 논리를 다지고, 자기 의견을 언어로 자유롭게 표현하며, 토론과 논쟁이 익숙한 환경 속에서 자란 유대인이 법률과 언론 분야에서 두각을 나타내지 않는 것이 오히려 이상한 일일 것이다. 검사와 변호사가 법정에서 아무 증거 자료도 없이 논쟁에 임할 수는 없다. 철저하게 준비한 증거 자료에 근거하여 나름의 논리를 계발함으로써 상대방을 효과적으로 제압해 나가야 한다. 이런 법정 논쟁에서 평생 동안 질문과 토론과 논쟁으로 단련된 유대인이 어떻게 주목받지 않을 수 있을까?

수천 년간 하나님의 율법을 지키면서 살아온 민족답게 유대인은 법조계로 많이 진출한다. 유대인은 미국 명문대의 로스쿨 재학생 중 평균 30퍼센트를 차지한다. 각 대학의 로스쿨마다 유대인법대생연합회(JLSA, Jewish Law Students Association)를 조직하여 활동하고 있다. 하버드 법대에만 JLSA 회원이 300명 이상이라고 한다. UC 버클리대의 유진 볼로크 교수가 조사한 바에 의하면 미국 전체 법대 교수의 26퍼센트가 유대인이라는 통계도 있다. 현재만 해도 연방 대법관 9명 중 3명이 유대인으로 법조계에서 막강한 영향력을 발휘하고 있어서 재판에서 승소하려면 유대인 변호사를 구하라는 말이 나돌 정도이다.

언론계도 마찬가지이다. 하브루타를 통해 어릴 때부터 언어로 논리를 계발해 온 유대인이 언론 분야를 장악하는 것은 어찌 보면 지극히 당연한 일이다. 그것이 글로 승부하는 신문이나 잡지든, 말로 승부하는 방송이든 가정에서는 부모와 함께, 학교에서는 선생님이나 친구와 함께 지속적으로 하브루타를 해온 유대인에게 언론 분야는 제 앞마당이나 다름없다. 그러니 『뉴욕 타임스』, 『워싱턴 포스트』, 『월스트리트 저널』, 『뉴스위크』 등 미국 언론계를 이끌어가는 언론사들을 대부분 유대인이 소유하고 있거나 기자와 칼럼리스트의 30퍼센트 이상이 유대인이라는 사실은 전혀 이상할 게 없다.

방송 분야도 별다르지 않다. 미국의 NBC, ABC, CBS, CNN, FOX 와 영국의 유명한 공영방송 BBC도 유대인이 소유하거나 주도권을 행사하고 있다. 보도진이나 앵커들 가운데에도 유대인이 다수 포진하고 있다. 세계적인 통신사 UPI, AP, AFP도 유대인의 소유이다. 영국의 최대 통신사이자 세계 3대 통신사인 로이터 통신 역시 유대인인 파울 율리우스 로이터가 세웠다. 토론과 논쟁 문화에 익숙한 유대인은 뛰어난 언변으로, 그리고 왕성한 호기심과 상상력으로 다양한 방송 곳곳에서 제 영향력을 과시한다.

특유의 소통 능력으로 정계와 학계를 장악하다

생활 속에서 토론을 즐기는 아이는 그렇지 않은 아이에 비해 뭔가 다르다. 토론에 익숙한 아이들을 유심히 지켜보면 상대방의 말에 진지하게 귀 기울이거나 뭔가를 골똘하게 생각하는 표정을 짓곤 한다는 것을 알 수 있다. 그런 아이들은 자기주장을 내세우되 상대방의 입장을 배려하여 표현한다. 다양한 입장을 고려할 줄 알게 되고, 상대방의 설득이 논리적으로 타당하면 자기 생각을 바꿀 줄도 알게 된다. 또한 질문이 많아지는데 그 질문의 수준과 깊이가 남달라진다. 토론은 본질적으로 생각을 하게 만들기 때문이다.

유대인 가정에서 이루어지는 하브루타를 통해 아이는 일단 말을 많이 할 수 있게 된다. 그 과정에서 아이는 어려운 추상 언어를 자주 접하고 다양한 표현 방식을 저절로 체득한다. 언어 능력은 어린 시절에 가장 빠르게 발달하기 때문에 가정에서 책을 많이 읽어주고, 특히 아이와 함께 깊은 대화를 자주 나누는 것이 절대적으로 중요하다. 유대인은 어려서부터 부모와 지속적으로 긴 시간 동안 여러 주제들에 대해 질문하고 대화하고 토론하기 때문에 그들의 어휘력이나 언어 구사 능력은 어느 민족도 따라가지 못한다.

이처럼 하브루타는 학생들의 의사소통 기술을 단련시킨다. 의사소통 기술은 다른 사람들과 의견을 교환하는 과정에서 상대방의 말을 상대방이 의도한 대로 확실하게 알아듣고, 나의 말을 상대방이 내가 의도한 대로 이해하도록 정확하게 전달하는 데 필요한 능력이다. 이런 의사소통 기술에는 논리적 기술과 수사적 기술이 포함된다. 형식적 논리학, 비형식적 논리학, 수사학 지식이 하브루타를 통해 저절로 길러지는 것이다.

정치는 소통·설득·관계 능력을 필요로 하는 분야이다. 미래를 내다보고 정책 대안을 제시하는 능력도 갖춰야 한다. 이런 능력들은 모두 하브루타를 통해 효과적으로 길러지며, 이를 증명하듯이 미국의 정치계에도 유대인은 대거 포진하고 있다. 헨리 키신저 전 국무장관, 메들린 울브라이트 전 국무장관, 폴 월포위츠 전 국방부장관 등을 비롯해 유대인이 주지사나 의원으로 당선되는 예가 점점 늘어난다. 미국 의회의 경우 유대인이 평균적으로 상원의원 10명과 하원의원 30명을 배출하고 있다. 현재 상원의원 100명 중 13명, 하원의원 435명 중 30명이 유대인으로 각각 13퍼센트와 7퍼센트를 점유했다. 상원과 하원 모두 10퍼센트 정도를 차지한 셈인데, 미국의 인구 구성비 중 겨우 유대인이 2퍼센트만 차지한다는 것을 감안하면 무려 5배를 더 배출하고 있는 것이다.

교수나 교사는 어떤가? 유대인이 가장 많이 종사하는 직업 중 하나가 교육계이다. 교육자는 말로 가르치고 이해시키고 설득하는, 그야말로 '말로 먹고사는' 직업이다. 평소에 질문과 대화와 토론과 논쟁으로 단련된 유대인이 교사라는 직업을 선택하는 것은 너무나 자연스러운 일이다. 평소 하던 대로 하면 되기 때문이다. 『정의란 무엇인가』로 우리나라에서도 유명해진 하버드대 교수 마이클 샌델이 EBS 방송을 통해 특강하는 모습을 보면 완전히 토론 중심으로 이끌어가는 것을 알 수 있다. 샌델은 질문을 던져서 학생들로 하여금 생각하게 하고, 학생들이 질문하면 그 물음에 대한 답을 스스로 찾도록 다시 질문하여 토론은 계속 이어진다. 이것이 바로 하브루타이다.

설득과 관계의 전문가들, 경제계와 금융계를 휩쓸다

미국 인구의 2퍼센트에 지나지 않는 유대인의 소득 규모는 미국 전체 GDP의 15퍼센트를 차지하여 1조 65억 달러에 이른다. 이것은 우리나라 국민총생산의 2배에 해당하는 액수이다. 미국 유대인 가구의 평균 소득은 약 7만5천 달러(2000~2001년 조사)로 미국 전체 평균 소득의 2배 이상이다. 미국의 상위 400가구의 부자들 가운데 유대인이 23퍼센트를 차지하며, 최상위 40가구의 부자들 중에서는 40퍼센트가 유대인이다. 미국의 30대 기업 중 유대인이 설립했거나 CEO로 있는 기업은 무려 12곳이나 되고, 대기업 CEO 중에는 27.5퍼센트가 유대인이다. 『포춘』이 선정한 세계 100대 기업 소유주의 30~40퍼센트, 세계적인 백만장자의 20퍼센트도 유대인이 차지한다. 역시 『포춘』이 선정한 세계 500대 기업의 중간 간부들 중 한국인 비율은 겨우 0.3퍼센트인 반면 유대인 비율은 41.5퍼센트에 육박한다. 이처럼 유대인을 이야기할 때 그들의 소득과 재산, 즉 '경제관념'을 빼놓을 수 없다.

　유대인은 오랜 세월 동안 세계 도처에 흩어져 살면서도 언제 어디서나 유대교의 전통을 유지하고 성서와 탈무드의 가르침을 잊지 않았다. 그래서 그들은 교육 수준이 높았으며 읽기, 쓰기, 계산은 물론 사물을 추상적으로 이해하고 생각하는 능력이 다른 민족보다 뛰어났다. 이러한 유대 민족의 기본적인 지식과 교양은 그들이 경제 분야에서 성공하는 데 결정적인 역할을 했다. 다시 말해 하브루타로 길러진 안목이 '돈이 될 수 있는 것들'을 보게 만든 것이다.

　사업에 성공하려면 무엇보다 관계를 잘 맺어야 한다. 관계는 무엇으로 맺는가? 그것은 대화, 즉 '말'로써 가능하다. 대화를 통해 설득하는 능력은 어디에서 오는가? 유대인의 경우 그것은 당연히 하브루타에서 비롯된다. 유대인은 질문하는 '혀'에 행복이 있으며 '혀의 힘'으로 마음을 움직이라고 말한다.

유대인의 상술에는 '78 : 22 법칙'이라는 것이 있다. 예를 들어 정사각형과 내접한 원이 있을 때 정사각형의 면적을 100이라 한다면 원의 면적은 78이고 나머지 면적은 22이다. 이것뿐만이 아니다. 공기, 인체, 지구, 조직, 금융, 놋쇠도 마찬가지이다. 이외에도 78 : 22의 비율로 이루어진 것들은 얼마든지 찾을 수 있다.

- 공기 ⇨ 78 : 22 = 질소 : 산소 및 기타 성분
- 인체 ⇨ 78 : 22 = 수분 : 기타 물질
- 지구 ⇨ 78 : 22 = 바다 : 육지
- 조직 ⇨ 78 : 22 = 부하 : 리더
- 금융 ⇨ 78 : 22 = 채무자 : 채권자
- 놋쇠 ⇨ 78 : 22 = 구리 : 주석

이것은 무엇을 뜻할까? 유대인은 '나의 노력'이 78퍼센트이고 '보이지 않는 힘'이 22퍼센트라고 생각한다. 유대인의 상술은 바로 이 법칙 위에 성립됐다. 세상에는 돈을 빌려주는 사람이 22퍼센트이고, 돈을 빌려 쓰는 사람이 78퍼센트이다. 78퍼센트의 사람들이 가지고 있는 돈이 22퍼센트이고, 22퍼센트의 부자들이 가지고 있는 돈이 78퍼센트이다. 78퍼센트의 사람들은 22퍼센트의 부자들이 가지고 있는 돈 78퍼센트

를 상대로 경제활동을 하는 것이다.

22퍼센트의 부자들에게는 '공기 인간'이라는 별명이 있다. 공기는 약간의 틈만 생기면 비집고 들어가서 결국 다 점령해 버리고 만다. 유대인도 똑같다. 돈 벌 틈만 있으면 공기처럼 파고들어 결국 그 돈을 자기 것으로 만들고 만다. 유대인을 보라. 어디서나 그곳의 상권을 쥐고 있지 않은가? 돈에 대한 그들의 집착은 공기처럼 강하다.

하지만 그보다 중요한 것은 유대인이 자신에게 주어진 일에 무섭도록 열중한다는 점이다. 2002년에 다국적 여론조사기관인 TNS가 세계 33개국을 대상으로 '일과 직장에 대한 애착도'를 조사한 결과 이스라엘이 1위로 나타났다. 그만큼 그들은 자기 일에 열심이다. 이스라엘 회사들을 방문해 보면 점심시간이 따로 없는 경우가 대부분이다. 빵 한 조각과 과일 한 알이면 충분하다. 형식적인 것보다는 실질적인 것을 중시하여 사장이나 임원도 거의 넥타이를 매지 않는다. 실제로 이스라엘에서는 양복 입은 사람을 만나기가 매우 어렵다.

유대인은 대량 판매와 염가 판매를 고안한 근대 유통업의 선구자들이다. 유대 상인들은 질이 조금 떨어지더라도 많은 사람들이 대량으로 살 수 있는 상품을 만들어 팔았다. 요즘에는 당연해 보이지만 예전에는 누구도 생각하지 못한 방법이었다. 한 건물 안에서 여러 가지 상품들을 판매하는 백화점을 최초로 시도한 것도 유대인이다. 백화점은 상품의 제값을 다 받고 모든 상품을 고루 갖춘 가게라는 원칙과 특징을 지니고 있다. 최초의 백화점은 손수레를 끌고 이 동네로, 저 동네로 떠돌며 장사하던 상인이 돈을 모아서 세웠다. 손수레 하나에 싣고 다니던 갖가지 상품들을 한 지붕 아래에 고루 진열해 놓고 판매하는 것으로 확대한 셈이다.

남과 다른 생각, 남의 마음을 끌어당기는 설득력, 자기 노력으로 공기처럼 세상의 곳곳에 파고들어 마침내 그곳을 장악하고 말겠다는 집념, 이 모든 것들이 유대인으로 하여금 세계 경제계에서 막강한 위력을 발휘하게 만들었다.

H·A·V·R·U·T·A

가족 하브루타로
부모와 아이 사이 0센티미터

유대인 가족 간의 애착은 왜 강할까?

SBS 방송 프로그램 「우리 아이가 달라졌어요」를 보면 갖가지 강박증, 편집증, ADHD, 공황장애, 폭력, 욕설과 폭언, 거식증, 폭식증 등 수많은 문제를 지닌 아이들이 등장한다. 전문가는 아이의 상태를 관찰한 다음 두 가지 처방을 내린다. 두 번째 처방은 문제에 대한 처방이다. 강박증이면 강박증을 해결하는 처방이고, 거식증이면 거식증을 해결하는 처방이다. 그래서 아이들마다 처방이 다 다르다. 그런데 첫 번째 처방은 모든 아이들, 아니 그 부모들에게 똑같이 내려진다. 바로 '자녀와 많이 놀아주기'이다. 공을 차든, 블록을 갖고 놀든, 게임을 하든, 여행을 하든 한결같이 부모와 아이가 함께 어울려 놀라는 처방을 내린다. 왜 그럴까?

'애착'이 해답이기 때문이다. 부모가 함께 놀아주는 것은 아이와의 애착을 회복하기 위한 것이다. 아이가 부모의 사랑을 확인해야만 다음 단계의 치료가 가능해진다. 어린 시절의 심리 장애는 거의 대부분 애착이 잘

∷
이스라엘 쿰란에서 만난 유대인들. 어른과 아이가 함께 어울려 즐거운 게임을 하면서 놀고 있다. 유대인에게는 이런 일상이 낯설지 않다.

형성되지 않아 발생한다. 부모의 사랑과 돌봄을 받는 것은 아이의 본능이다. 그런데 그것이 충분히 채워지지 않으니 아이는 스트레스를 받게 되고 마음에 분노를 쌓는다. 그 분노는 강박증을 만들고, 폭력과 폭언을 부르고, 다른 많은 증세들을 가져온다. 증세는 다양하지만 원인은 불안정한 애착 한 가지이다.

우리의 마음은 두뇌의 작용 결과이다. 마음속에는 의식과 무의식이 있다. 그런데 의식은 빙산의 일각일 뿐 우리 마음의 90퍼센트 이상은 무의식이 차지한다. 사람이 살아가면서 받아들이는 모든 정보는 무의식에 저장된다. 스트레스, 긴장, 근심 등으로 아드레날린, 세라토린, 멜라토닌, 엔도르핀이 생성되어 두뇌를 자극하고 결국 몸에 영향을 주는 것도 무의식에서 벌어지는 일들이다. 무의식이 우리의 행동, 마음, 성격에 지배적인 영향력을 발휘하는 것이다. 특히 성격이 더욱 그렇다.

하지만 우리는 마음속에 잠재한 무의식을 잘 모른다. 그 이유는 무

의식이 아주 어릴 때 형성되기 때문이다. 학자들에 의하면 무의식은 주로 만 3세 이전에 형성된다. 뇌에 시냅스가 폭발적으로 늘어날 때 수많은 정보들이 저장되는 것이다. 무수한 수상돌기와 축색돌기, 그리고 그 사이를 연결하는 시냅스가 거대한 숲을 이룬다. 시냅스는 자극이 있으면 생겨나고 자극이 없으면 사라진다. 시냅스가 한창 만들어질 때 경험하는 자극들이 뇌에 저장되어 무의식으로 자리하며 우리 성격의 대부분을 형성한다. 즉 어릴 때 어떤 자극을 받고 어떤 경험을 하고 어떤 환경 속에서 어떤 사람과 어떤 관계를 맺으면서 지냈느냐가 아이의 기본적인 성격을 형성한다는 말이다.

3세까지는 두뇌 발달의 75퍼센트 이상이 이루어지는 결정적인 시기이다. 그래서 이 시기의 경험이 아이에게 무엇보다 중요하다. 특히 부모와의 대화와 상호작용은 아이의 두뇌 발달에 가장 중요한 역할을 한다. 어릴 때의 자극에 의한 경험은 아이의 기본적인 성격과 지능의 토대를 마련하기 때문에 그 영향은 평생 지속된다. 이런 인간의 경험은 일생 동안 뇌세포 간의 연결망을 변화시키면서 생각과 행동을 결정하고 판단을 좌우한다. 한 사람의 뇌세포 간 연결망은 그 길이가 330만 킬로미터가 넘는다. 지구 둘레가 4만 킬로미터 정도이니 지구를 80바퀴 돌고도 남는다.

아이가 어릴 때 무의식에 부정적인 정서를 많이 쌓으면 부정적인 성격이 되고, 긍정적인 정서를 많이 쌓으면 긍정적인 성격이 된다. 아이의 성격이 나쁜 것만큼 부모를 평생 힘들게 하는 것은 없다. 나쁜 성격으로 인해 아이가 짜증내고 불평하고 대들고 소리 지르는 일이 날마다 반복된다고 생각해 보라. 그런데 사실 이것은 부모에 대한 아이의 복수와도 같다. 아이의 성격은 부모의 유전과 부모가 제공하는 환경에 가장 많이 좌우되기 때문이다. 부모가 아이에게 스트레스를 주면 그 스트레스는 고스란히 무의식에 저장되어 아이의 성격으로 자리 잡는다.

아이는 양육자와의 애착 관계가 제대로 형성되지 않을 때 스트레스를 가장 크게 받는다. 아이는 태어나서 양육자의 보살핌이 없으면 생존이 불가능하다. 말이나 소는 태어나자마자 걸을 수도 있고 어미에게 가서 젖을 찾아 먹을 수도 있다. 하지만 사람은 태어나서 엄마 젖조차 잘 찾지 못한다. 직접 입에 물려줘야 간신히 젖을 빤다. 그래서 아이는 본능적으로 양육자가 사랑으로 자신을 돌보기를 요구한다. 그것이 애착에 대한 본능인데 충분히 채워주지 않으면 아이는 다음 발달단계로 제대로 이행하지 못한다.

아이에게 충분한 사랑과 관심이 주어지지 않으면 우리가 밥을 먹지 못하는 것만큼 아이는 스트레스를 받는다. 식욕도 본능이고 애착도 본능이기 때문이다. 아이들이 가장 두려워하는 것은 부모에게 사랑받지 못하고 버림받는 것이다. 불안정한 애착은 아이에게 불안감과 두려움을 유발하여 극심한 스트레스에 휩싸이게 한다. 물론 그 스트레스는 아이의 뇌에 고스란히 저장되어 갖가지 성격장애의 원인이 된다.

아이가 양육자와 애착 관계를 형성하는 것은 자기 삶의 기반을 형성하는 것이다. 어린 시절의 애착 관계는 아이가 평생 살아가는 데 꼭 필요한 신뢰 관계의 기본적인 토대를 마련해 주기 때문이다. 삶의 기반이 부실하면 그 위에 어떤 환경, 교육, 노력이 주어져도 블랙홀처럼 소멸해 버린다. 애착 관계가 제대로 형성되지 않은 것은 모래 위에 집을 지어놓은 것과 같다.

유대인 부모는 아이와의 애착 관계를 형성하기 위해 대화를 선택한다. 아이가 말할 줄 알든 모르든 대화는 언제나 가능하다. 뱃속에 있어도 부모는 아이에게 이야기를 들려줄 수 있다. 부모는 아이에게 끊임없이 말을 건네고 아이의 반응에 귀 기울여 아이를 사랑으로 돌본다. 어떤 문제든 부모와 아이가 대화를 통해 풀게 되면 아이의 마음속에 스트레스는 쌓이지 않을 것이다. 스트레스 해소에는 '수다 떨기'만큼 강력한 방법도 없다. 그런데 수다는 곧 하브루타로 통하지 않는가? 하브루타는 무엇보다 이야기를 많이 하도록 유도한다. 아이들은 자라면서 하브루타를 통해 부모와 소통했듯이 세상과도 자연스레 소통하면서 삶의 문제들을 풀어갈 것이다.

이처럼 애착을 형성하는 데도 하브루타만큼 효율적인 방법을 찾기 어렵다. 유대인이 가족 사이의 애착 관계를 어느 민족보다 끈끈하게 유지하는 바탕에는 가족 하브루타가 있다. 그들은 매주 금요일 저녁이면 안식일 만찬을 위해 모인다. 그날 저녁에는 할아버지부터 손자까지, 그리고 친척이나 이웃들이 모여 짧게는 2시간에서 길게는 7시간까지도 대화를 나눈다. 우리는 온 가족이 모이려면 1년에 한두 번 명절 때나 가능하지만, 유대인은 그런 가족 모임을 매주 갖는다. 그래서 유대인의 기업이나 직장은 가족 중심으로 운영되는 경우가 많다. 우리 귀에도 익숙한 리바이스, 로스차일드, 허쉬 등은 모두 유대인 가문의 이름이다.

성공과 행복을 동시에   ...

하브루타의 가장 큰 힘은 '행복과 성공을 동시에' 얻게 한다는 점이다. 오늘날 우리 사회는 철저하게 성공 지향적으로 치닫고 있다. 하지만 어느 때보다 더욱 치열하게 좋은 직업, 돈, 권력, 지위, 명예를 추구하는데도 행복지수는 아이러니하게 점점 내려가기만 한다. 행복과 성공이라는 두 마리 토끼를 거머쥔다는 것은 너무나 어려운 일처럼 여겨진다. 그러나 유대인은 누구보다 큰 성공을 이루면서도 여전히 행복지수가 높다. 그 비결은 역시 하브루타인데, 특히 가족 하브루타가 핵심이다.

행복의 시작과 끝은 가정에 있다. 아무리 사회에서 성공해도 가정이 불행하면 결국 불행한 것이다. 그런 점에서 부모와 아이 사이에 유독 많은 대화를 나누는 유대인 가정은 성공과 행복을 동시에 싹트게 하는 마법의 공간과도 같다.

앞에서도 이야기했지만, 가정에서의 하브루타만큼 애착을 가져다주는 것은 없다. 어린 시절에 형성된 애착은 아이로 하여금 모든 문제를 부모와 의논하게 만들고, 아이의 마음에 스트레스와 분노가 쌓이지 않게 한다. 유대인들이 매일 하는 저녁 식탁의 대화나 매주 하는 안식일 식탁의 대화는 한 가족이 가장 행복한 순간을 만끽하도록 도와준다. 유대인에게 가장 행복한 순간이 언제냐고 물으면 대부분 가족과 친척들이 다 같이 모여 안식일 식탁에서 허심탄회하게 친밀한 대화를 나누는 시간이라고 대답한다. 결국 사회적인 성공과 개인적인 행복은 불가분의 관계이며, 이 모든 것의 출발점이자 목적지는 바로 '가정'인 셈이다.

가정은 새하얀 도화지 같은 의존적인 아이가 건전한 가치관을 가진 독립적인 성인으로 성장할 때까지 안전하고 행복한 울타리가 되어줌은 물론 신체적, 정신적, 정서적 건강의 원천이 돼야 한다. 가정은 사회의 가장 작은 단위이지만 가장 중요한 역할을 맡고 있는 셈이다. 유대인은 가정의 역할을 다하기 위해 하브루타를 생활화한다. 우리나라에 가장 필요한 실천도 가족 하브루타이다.

그 구체적인 방법으로 두 가지를 제안한다. 첫째, 하루에 10분이라도 자녀에게 집중해서 함께 대화하고 토론하라. 둘째, 매주 한 번씩 온 가족이 함께 저녁을 먹으면서 허심탄회하게 이야기를 나눠라. 직접 실천해 보기 전까지는 이 단순한 방법들이 얼마나 위대한 효과를 낳는지 결코 알 수 없을 것이다.

아이의 첫 장난감, 저금통

유대인 가정의 성공은 너무나 유명해져 이제 흔히들 유대인이라면 부자일 것이라고 생각하지만, 유대인 중에는 빈곤에 허덕이는 사람들도 적지 않다. 미국의 유대인들은 이민 초기에 거의 빈털터리로 바다를 건너온 사람들이었다. 여기서 주목할 점은 갑부가 된 유대인일수록 그 출발은 찢어지게 가난했다는 것이다.

세계적인 투자가이자 헤지펀드의 대부인 조지 소로스는 맨주먹으로 헝가리에서 미국으로 이민했고, 인텔 회장인 앤드루 그로브도 헝가리에서 맨몸으로 미국에 이주해 온 사람이다. 메이어 암셸 로스차일드는 일찍 부모를 여읜 뒤 무일푼에서 사업을 일으켰다. 아이러니하게도 이런 유대인의 상재(商才)는 끊임없는 박해와 이주의 역사 속에서 탄생했다. 쓰라린 역사를 통해 유대인은 상술의 기회를 포착하는 감각을 얻게 된 것이다.

그들의 재능은 어떤 분야이든 선천적인 것이 아니라 지식과 교양에서 우러나온 후천적인 것이다. 경제 감각이나 돈을 다루는 능력도 후천적으로 계발됐다. 유대인 가정에서는 생후 8개월이 지나 걸음마도 떼기 전에 아이에게 동전부터 쥐여주고서 아침저녁 식사 전에 저금통에 넣게 한다. 5세 전후가 되어 돈에 대한 개념이 생기기 시작하면 아이에게 본격적으로 용돈을 준다. 물론 이 용돈은 소비용이 아니라 저축용이다. 아이는 용돈을 통해 돈의 가치와 저축의 즐거움을 알아간다.

또한 유대인은 아직 어린 자녀에게 장난감이 아닌 주식 통장을 선물한다. 그 통장은 아이에게 주어진 것이므로 주식의 운용도 전적으로 아이에게 맡겨져 있다. 다만 부모는 해마다 날아오는 투자 결과만 보면서 그에 대해 조언하고 이야기를 들어줄 뿐이다. "주머닛돈으로 당장 아이에게 장난감을 사줄 수는 있다. 하지만 우리는 그 돈이 미래를 위한 투자 대상임을 가르쳐주고 싶다." 이것이 유대인 부모들의 생각이다.

이처럼 유대인은 생활 속에서 경제교육을 한다. 아이와의 대화를 통해 경제 개념을 이해시키고 수익을 체크하면서 경제에 대한 눈을 뜨게 하는 것이다. 어려서부터 일상적으로 행해지는 경제교육 덕분에 유대인은 조기에 경제적으로 독립하고, 훗날 세계 경제나 금융의 전문가로 자라게 된다.

유대인의 경제적인 독립이 빠른 이유 중 하나는 성인식 덕분이다. 성인식은 남자는 13세, 여자는 12세에 주로 치르는데, 이때 성인식에 참석한 친척이나 친지들이 부조금을 낸다. 가족이나 친척들은 유산을 물려준다는 생각으로 적지 않은 돈을 내고, 축하객들도 보통 200달러 정도를 낸다. 축하객들이 200명만 되어도 4만 달러에 이른다. 친척들은 좀더 많은 돈을 부조하므로 뉴욕 중산층은 성인식을 한 번 치르면 평균 5만~6만 달러가 들어온다고 한다. 이 돈은 모두 부모의 몫이 아니라 성인식을 치른 자녀의 몫이다. 유대인 부모는 이 돈을 전부 자녀의 이름으로 예금하고, 채권을 사거나 펀드에 넣어놓는다. 그리고 이를 바탕으로 경제교육을 한다.

  자녀가 20대 중반에 대학을 졸업하고 사회생활을 시작할 무렵이 되면 그렇게 투자한 돈은 적어도 2배 이상 불어나 있다. 그러면 유대인 젊은이들은 대략 우리 돈으로 1억 원 정도를 지니고 사회에서 출발하게 된다. 그들은 당장 먹고살기 위해 돈을 벌어야 한다고 고민하는 것이 아니라, 그 돈을 불리기 위해 무엇을 해야 하는지를 생각한다. 일단 뭔가를 하기 위해 돈 벌 궁리부터 하는 한국 청년들과는 출발부터가 다르다.

  이렇듯 유대인의 경제관념이 발달하게 된 데는 대략 세 가지 이유가 있다.

  첫째, 유대인은 어릴 때부터 일상 속에 숫자를 끌어들여 생활의 일부로 여긴다. 우리는 보통 "오늘은 날씨가 덥군요" 혹은 "날씨가 어제보다는 포근해졌네요"라고 말한다. 하지만 유대인은 구체적인 숫자로 표현한다. 즉 "오늘은 섭씨 36도입니다. 어제보다 섭씨 12도가 올라갔습니다"라고 말한다. 오래전부터 일상적으로 숫자에 익숙해지고 친밀해졌기 때문에 계산이 정확하고 돈벌이의 기회를 잘 포착하게 된 것이다.

  둘째, 유대인은 모든 계약을 신과의 약속이라고 믿는다. 그래서 유대인은 자신이 계약한 일에 대해서는 어떤 일이 있어도 반드시 이행한다. 유대인에게는 어머니의 장례를 치르도록 자기 대신 사형대에 오르게 된 친구와의 약속을 지켜서 왕의 사면을 받은 두 친구의 일화가 전해진다. 한 사람은 친구가 어머니의 장례를 치를 수 있도록 자기 목숨까지 걸어주었고, 또 한 사람은 그런 친구를 살리기 위해 사형의 길로 되돌아온 것이다. 죽음의 공포 앞에서도 굴하지 않은 우정과 신의에 어찌 감탄하지 않을 수 있을까? 이것은 유대인이 얼마나 그들의 약속에 충실하고 신의를 중시하는지를 알 수 있는 이야기이다. 유대인을 계약의 백성이라고 부르는 까닭도 여기에 있다. 반드시 계약을 충실하게 이행하는 신용이 유대인 상술의 핵심이다.

 셋째, 유대인은 현금에 매우 철저하다. 유대인은 상거래를 하는 상대방은 물론 상담 시간까지도 현금으로 평가한다. 그들의 가치관 저변에는 천재지변이나 인간에 의한 재난으로부터 내일의 생명이나 생활을 보장해 주는 것은 현금밖에 없다는 특유의 관념이 깔려 있다. 인간도 사회도 자연도 날마다 변해가지만 유대인에게 '변하지 않는 것은 현금뿐'이라는 것이다. 그래서 아이가 어려서부터 비즈니스에 참여시키고 계약을 철저히 이행하여 신용을 높이는 것이 가장 중요하다고 일깨운다. 유대인과의 비즈니스에서는 신용이 최우선이며, 그들은 신용이 쌓이면 위험부담을 안고도 지원해 준다. 그러나 그들로부터 신용을 얻는 과정은 결코 쉽지 않다. 매우 엄격하고 정확한 잣대로 신용을 평가하기 때문이다.

노블레스 오블리주의 씨앗, 쩨다카 정신

2010년 5월, 삼성경제연구소가 OECD 30개국을 조사하여「한국의 선진화 수준」이라는 보고서를 발표했다. 기부를 포함해 경제 정의 실천에 대한 사회 지도층의 기여도를 측정한 '노블레스 오블리주' 항목에서 한국은 조사 대상 국가들 중 최하위를 기록했다. 한국의 사회 지도층이 얼마나 기부에 인색한지를 잘 알 수 있는 대목이다. 반면 유대인은 부유한 사람, 가난한 사람 가리지 않고 기부가 생활화되어 있다. 미국 인구의 2퍼센트에 불과한 유대인에게서 국가 전체 기부금의 50퍼센트가량이 나온다는 통계가 있을 정도이다.

유대인에게 기부나 자선은 남에게 내세울 만한 자랑거리가 아니다. 당연히 해야 하는 종교적 의무이기 때문이다. 다른 사람에게 친절을 베푸는 것을 하나님의 명령이라고 생각한다.

오랜 옛날부터 유대인은 가축을 잡아 하나님에게 감사의 제물이나 속죄의 제물, 혹은 화목의 제물로 바쳤는데 이것을 '쩨다카'라고 했다. 그러나 로마에 의해 성전이 파괴되고 유대인들이 각 나라에 흩어지게 된 이후로, 그들은 하나님에게 바칠 제물을 가난한 사람들에게 나눠줌으로써 쩨다카를 계속 실천할 수 있다고 생각했다. 오늘날 쩨다카는 '구제'라는 의미로 사용된다.

유대인 회당에는 항상 쩨다카를 넣을 수 있도록 '푸쉬케'라는 상자가 놓여 있다. 가난한 유대인이라면 누구나 그 상자에서 2주일 치 생활

비를 꺼내 갈 수 있다. 이런 기부 정신은 어린 시절부터 쩨다카를 실천하면서 몸에 밴 것이다.

집에도 푸쉬케가 놓여 있어 유대인은 안식일 식탁에서 어김없이 쩨다카를 실천한다. 용돈을 받는 아이도 예외로 두지 않는다. 부모에게 쩨다카용으로 따로 받는 것이 아니라 쩨다카를 위해 자기 용돈을 절약하거나 아르바이트를 한다. 이렇듯 유대인 부모는 아이가 어릴 때부터 남을 돕도록 가르친다. 성서에도 자기 수입의 10퍼센트로 남을 도우라고 적혀 있다. 그렇게 모금된 돈은 취약 계층을 지원하는 데뿐만 아니라 유대인의 정체성을 지키는 데도 사용된다. 그래서 유대인 캠프나 이스라엘 탐방같이 많은 유대인 관련 프로그램들이 무료로 진행될 수 있는 것이다.

쩨다카는 비단 돈에만 국한된 것이 아니다. 유대인은 어느 모임에서나 자신이 가진 정보와 지식을 공유한다. 먼저 성공한 사람이 젊은이나 가난한 사람, 처음 시작하는 사람을 도와서 그가 빨리 성장하도록 지원하고, 그가 어느 정도 성공하면 또 다른 사람에게 다시 자선을 베푼다. 또한 유대인은 가정에 푸쉬케를 마련해 놓아 젊은이들이 다양한 목적으로 집집마다 돌아다니며 푸쉬케 안에 들어 있는 동전을 모은다. 이처럼 쩨다카는 유대인의 삶 속에서 기본적인 습관으로 자리 잡았다.

가난한 사람들을 돕는 것은 유대교의 의무여서 설령 그들이 도움을 받지 않겠다고 해도 이 의무는 면제되지 않는다. 쩨다카는 '테슈바(Teshuvah, 회개)', '트필라(Tfilah, 기도)'와 함께 유대인의 3대 의무이다. 유대 현자들은 쩨다카를 행하지 않는 것은 우상을 섬기는 것과 마찬가지인 범죄라고 말했다. 쩨다카를 실천하려면 가난한 사람들에게뿐만 아니라 회당, 교육기관, 건강관리 기구 등에 기부하면 된다. 꼭 기부금이 아니어도 자신의 늙은 부모를 봉양하는 것 역시 쩨다카이다.

쩨다카에는 다음과 같은 단계가 있다. 단계가 높을수록 더 훌륭한 쩨다카가 되는 것이다. 물론 유대인은 아이가 높은 단계의 쩨다카를 행하도록 가르친다.

❶ 아까워하면서 주는 것
❷ 줄 수 있는 것보다 덜 주지만 즐겁게 주는 것
❸ 달라고 해서 주는 것
❹ 달라고 하기 전에 주는 것
❺ 주는 자가 누구인지 알 수 있도록 받는 자에게 주는 것
❻ 주는 자는 받는 자가 누구인지 알지만 받는 자는 모르게 주는 것
❼ 쌍방이 서로 모르면서 주고받는 것
❽ 받는 사람이 자립할 수 있도록 도와주는 것

이처럼 유대인은 가능한 한 익명으로 자선하는 것이 좋다고 여긴다. 최고의 자선 행위는 누군가 자기 도움을 받아 스스로 독립해서 더 이상 도움이 필요 없어지고 그 사람이 오히려 또 다른 사람을 돕도록 해 주는 것이다. 식량을 주는 것보다는 식량을 스스로 해결할 수 있는 방

법을 가르쳐주는 것이 최고의 자선인 셈이다. 유대인은 공부도 자연스럽게 자선이라는 행동으로 연결한다. '배워서 남 주니?'가 아니라 '배워서 남 주자!'는 것이다. 성서에 나와 있듯이 가난한 사람과 고아를 교육하고 보살피는 일은 사회 공동체 전

::
예루살렘 길거리에서 서너 살밖에 안 된 아이가 먼저 엄마에게 쩨다카를 하자고 했고, 아이는 엄마에게 받은 돈을 바구니에 넣고 나서 흐뭇한 미소를 지었다.

체의 책임이다. 유대인은 경제교육과 더불어 쩨다카 정신을 생활 속에서 가르친다. 길을 가다가 기부를 할 상황이 생기면 꼭 어린아이에게 기부하게 한다.

그렇게 쩨다카로 도와주는 대상은 유대인이냐, 이방인이냐를 따지지 않는다. 그런데 유대인은 대부분 쩨다카의 대상이 되지 않도록 노력한다. 체면에 걸맞지 않은 일을 하는 한이 있어도 그것이 쩨다카의 대상이 되는 것보다는 훨씬 낫다고 여긴다.

H·A·V·R·U·T·A

생각하는 아이가 모든 것을 가진다

지혜를 쌓아 지식을 이용하라

탈무드와 토라에는 인류의 지혜가 가득 담겨 있다. 그런 지혜는 시대의 변화에 영향을 받지 않는다. 현대 교육은 자녀에게 지식만을 가르치지만, 유대인은 가정에서 변하지 않는 지혜를 강조한다. 지식은 이제 컴퓨터만 활용할 줄 알면 얼마든지 얻을 수 있다. 굳이 머릿속에 대량의 지식들을 넣고 다닐 필요가 없다. 스마트폰 하나만 갖고 있어도 자동차 안이든, 협상 테이블이든, 등산 중이든 상관없이 나에게 필요한 지식을 검색할 수 있다.

"물고기를 잡아주면 하루를 살 수 있지만 물고기를 잡는 방법을 가르쳐주면 일생을 살 수 있다"는 말은 모두가 잘 알고 있는 유대인의 격언이다. 이 말은 지식 자체보다 지식을 얻는 방법과, 지식을 창조하고 인생을 제대로 살아가게 하는 지혜야말로 우리가 궁극적으로 추구해야 할 교육이라는 의미를 담고 있다.

유대인은 아이에게 단순한 지식보다 현명한 지혜를 쌓게 하는 데 주력한다. 지혜는 가정에서 부모에 의해 길러지는 것이기 때문이다. 그들은 지혜로운 자만이 지식을 올바로 사용할 수 있다고 믿는다. 그들은 지혜가 뒤지면 모든 것에서 뒤지며, 지혜가 있는 자는 모든 것을 가진 자라고 생각한다.

지식이 풍부한 사람은 어떤 문제가 생겼을 때 즉각적으로 그 문제를 해결하는 데 필요한 지식들을 떠올린다. 하지만 그 지식들은 단편적이어서 그것들을 어떻게 활용하여 문제를 해결하는 도구로 유용하게 사용할지는 잘 모른다. 지혜로운 사람은 자신이 가진 지식을 활용하여 문제를 현명하게 해결할 수 있는 사람이다. 설령 그런 지식이 없더라도 어디서 어떻게 구해야 할지를 아는 사람이다.

지혜란 올바른 판단을 내리고 과감히 결정할 수 있는 힘과 안목을 뜻한다. 지혜가 없는 지식은 깊이가 얕지만, 지혜가 밑바탕에 깔린 지식은 아무리 퍼내도 마르지 않는 샘물과 같은 것이다.

의문을 가지고 질문을 하는 자가 생각의 힘을 얻는다 ・・・

주변을 둘러보면 자기주장만 앞세우고 남의 말에는 귀를 닫는 사람들이 많다. 생각이 조금만 달라도 점점 대화가 거칠어지고 언성이 높아진다. 급기야 말다툼으로 번져 본래 의도와는 전혀 다른 상황이 벌어지기도 한다. 그러다 보니 자신과 다르게 생각하는 사람과는 아예 대화하려 하지 않거나 겉으로만 적당히 동조해 주는 척한다. 우리가 진정한 의미의 토론 문화에 익숙하지 못한 탓이다.

토론을 잘하기 위해서는 정확하게 듣는 능력이 필수적이다. 정확하게 듣는다는 것은 두 가지 의미를 지닌다. 먼저 상대방이 말한 의도를 정확하게 파악하는 것이고, 그다음은 상대방의 말이 실제로 타당한지를 비판적으로 검토하는 것이다. 이 두 가지가 서로 유기적으로 결합돼야 상대방의 말을 정확하게 들었다고 할 수 있다.

올바른 경청을 위해서는 분석적이고 비판적인 인지 능력이 필요하다. 상대방이 전개하는 논리에서 약점과 오류와 허점을 찾아내는 과정은 자연스럽게 분석적・비판적 사고력을 길러준다. 유대인이 탈무드를 공부하는 이유들 중 하나도 그런 사고력을 기르기 위함이다. 유대인은 그들이 존경하는 랍비와 현자들의 지혜를 엿볼 수 있는 대화집일지라도 그 내용에 대해 끊임없이 질문을 던진다.

사고력을 키우는 가장 효과적인 방법은 자기 나름의 의문을 품는 것이다. 의문을 갖는다는 것은 곧 생각하고 있다는 뜻이기 때문이다.

사람은 알면 알수록 숱한 의문에 부딪히게 된다. 지적인 성장은 그런 의문들을 풀기 위해 무수히 질문하고 더 넓고 깊이 사고하는 과정에서 비약적으로 이루어진다. 결국 질문은 인간을 진보시키는 길잡이이자 지성의 출발점인 셈이다.

유대인은 납득할 수 있을 때까지 질문의 화살을 멈추지 않는다. 그들은 완전하지 않으면 결코 만족할 줄 모른다. 어설프게 폼만 잡고 질문을 하지 않으면 알지 못한 상태로 남게 된다. 앎을 위해 두려움 없이 질문하는 것이 배움의 첫째 조건이다.

어떤 의문을 조금이라도 품었다면 그 의문을 기꺼이 제기하고 상대방의 답변이 논리적으로 타당한지 비판적으로 사고한 후 다시 생기는 의문에 대해 또 질문한다. 이것은 비단 나에게만 해당되는 이야기가 아니다. 상대방도 나에게 똑같이 그렇게 한다. 나도 상대방도 언제나 무엇에 대해 의문스러워하는 질문을 받으면 그에 대해 답변할 지식과 논리와 근거를 갖춰야 한다. 이렇게 하브루타는 끊임없이 이어진다.

유대인은 일찍부터 고등한 사고방식을 배우기 때문에 고등학교 때까지 그렇게 두각을 나타내지 않다가도 대학 입학 때부터 무섭게 달라지기 시작한다. 세계 올림피아드에서 유대인이나 이스라엘 학생들이 상위권에 들었다는 소식은 잘 듣지 못하지만, 그들은 하버드대를 비롯해 아이비리그 입학생의 30퍼센트 정도를 차지한다. 겨우 2퍼센트의 인구를 가지고 아이비리그 30퍼센트를 차지한다는 게 말이 되는가? 그들은 모두 하브루타를 통해 길러진 사고력과 통찰력의 힘으로 사회

각계각층에서 두각을 나타내는 것이다. 학자, 사상가, 법률가, 언론인, 교육자(교수나 교사) 등 유대인이 돋보이는 거의 대부분의 영역이 바로 생각의 힘이 필요한 곳이다. 그것은 수십 년 동안 가정에서, 학교에서, 회당에서 하브루타로 길러진 능력이다.

존경하되 비판적으로 질문하라

유대인의 세계에서는 학문이 존중되는 만큼 교사의 지위도 아주 높다. 하지만 진리를 파헤치기 위해 끝없이 질문한다는 것은 기존 권위에 대한 도전을 전제로 한다. 유대교는 학생이 앉아 있다가도 교사가 지나가면 반드시 일어서라고 가르치고, 유대인은 탈무드에서도 일상생활에서도 랍비에 대해 대단한 존경심을 한없이 드러낸다. 그러나 존경심과, 그들의 견해에 대한 토론이나 논쟁은 별개이다. 아키바(2세기 말에 성립한 초기 탈무드를 준비한 율법학자)의 주장을 대하든, 힐렐(기원전후 유대교의 율법학자)의 견해를 대하든 유대인 학생들은 그 주장에 대해 서로 반박하고 이의를 제기하고 다른 관점을 제시한다.

유대인 학생들은 랍비나 선생님을 대할 때 자연스럽게 서로의 의견을 주고받으며 진실에 대해 토론한다. 랍비들은 학생들에게 배우는 랍비를 최고의 랍비로 여긴다. 그러니 가르치는 자의 절대적인 권위라는 것이 있을 수 없다. 토론과 논쟁의 장에서는 함께 알아가는 사람들이 있을 뿐이다.

　부모와 교사 등 기성세대와의 토론과 논쟁은 아이의 뇌를 쑥쑥 자라게 한다. 우리는 아이가 모르는 것을 질문하는 것까지 허용하고 보통 그에 대해 잘 알려주려 한다. 하지만 아이가 동등한 입장에서 어른의 생각과 관점에 대해 이의를 제기하고 반박하는 것은 자기 권위에 대한 도전으로 받아들인다. 아이의 의견을 '버릇없이 따지고 드는 말대답'으로 치부하는 것이다. 이와 달리 유대인은 학생의 질문이란 랍비나 교사가 가르치는 내용에 대한 반박까지도 포함한다고 생각한다.

다르게 생각하는 능력은 어디에서 오는가?

　하브루타는 필연적으로 남과 다른 나만의 생각을 갖게 만든다. 탈무드의 여러 관점들과 구별되는 나만의 생각을 갖고 나만의 주장을 할 수 있을 때 유대인은 긍지와 더불어 학문의 희열을 느낀다.

　다중지능 이론으로 유명한 유대인인 하워드 가드너는 기존 지능 이론에 대해 이의를 제기하고 반박하면서 자신만의 독특한 이론을 추구한 인물이다. 그런데 어찌 보면 다중지능 이론의 여덟 가지, 혹은 아홉 가지 지능들은 우리가 흔히 말하는 소질이나 적성과 크게 다르지 않다. 예를 들어 '음악 지능'은 '음악적인 적성'과 별다르지 않다. '운동 지능'도 '운동 잘하는 소질'과 비슷하다. 실제로 기자들이 가드너에게 "당신이 주장하는 다중지능은 소질이나 적성과 별 차이가 없지 않습니까?"하고 질문했다. 그때 가드너의 대답이 걸작이다.

"음악적 소질이나 음악적 적성이라고 말했다면 내 이론을 쳐다보기나 했겠습니까? 내가 지능이라고 이름을 붙이니까 그제야 관심을 가졌지!"

이렇게 말할 수 있는 것이 바로 하브루타의 힘이다. '이 세상에는 해 아래 새로운 것이 없다'는 말이 3천여 년 전에 기록된 성서인 『전도서』에도 있다. 같은 것이라도 무슨 논리로 어떻게 차별화하여 독특하게 만드느냐에 따라 완전히 새로워 보인다. '지능'과 '소질'처럼 조금 다른 것을 전혀 달라 보이게 하는 것이 아이디어이다.

그런 아이디어는 평소 토론과 논쟁을 통해 남과 다른 나만의 생각, 남과 구별되는 새로운 관점을 고민하지 않으면 나오기 어렵다. 우리 교육은 모든 것을 있는 그대로 수용하여 암기하고 이해하는 데 초점을 둔다. 이와 달리 모든 것, 심지어 대학자의 견해에도 의문을 제기하고 반박 논리를 찾으며 대화, 토론, 논쟁을 통해 자기 의견을 정교하게 다듬어가는 그들의 교육이 오늘날 세계의 각계각층에서 활약하는 유대인들을 만들어왔다. 특정 방면에서만 유독 뛰어난 것이 아니라 다방면에 걸쳐 현저히 두드러지는 것은 분명 유대인 교육의 힘이다.

어릴 때부터 남과 다른 나만의 방법, 나만의 실험, 나만의 이론, 나만의 학설, 나만의 연주, 나만의 그림, 나만의 작품을 추구하는 것, 그리고 그것을 자랑스레 여기며 매 순간 하브루타를 통해 갈고닦는 것, 바로 이것이 노벨상의 3분의 1을 차지할 수 있었던 유대인의 저력이다. 노벨상의 가장 결정적인 선정 기준이 나만의 창의성, 즉 독창성이기 때문이다.

유대인을 만나 무엇을 물어보면 그들은 대부분 즉답을 피하고 다른 각도에서 새로운 질문을 던지는 것으로 질문자에게 대답을 대신한다. 일문일답이 아닌 토론이 두 사람 사이의 대화에도 적용된다. 유대인은 토론과 논쟁 교육을 통해 다양하고 깊이 있는 사고력을 유도하여 항상 새로운 것을 찾아내게 한다. 우리처럼 모든 사람이 같은 것에 매달리지 않고 각자가 독자적으로 연구하면서 창의력을 키운다. 다수에서 이탈하는 것을 두려워하지 않고 자신만의 창의력을 배양하는 훈련을 지속하는 것이다.

유대인은 '남보다 뛰어나라'보다는 '남과는 다르게 되라'고 가르친다. 아이의 개성을 최대한 존중하고 그것을 더욱 빛나게 하는 것이 중요하다고 생각한다. 그렇다면 개성이란 무엇인가? 남들과 다른 나만의 모습이 바로 개성이다. 이 개성 존중의 교육 방법도 유대인 교육의 중요한 특징이다.

유대인 가정에서는 남보다 잘하라고, 남을 앞지르라고 아이를 달달 볶지 않는다. 아이가 진학하는 대학이 일류이든 삼류이든 별로 신경 쓰지 않는다. 저마다 타고난 재능이 다르므로 길게 내다보고 내 아이가 성장하는 과정을 유심히 지켜본다. 유대인 부모는 자기 아이가 고정적인 규범의 틀에 갇혀 다른 아이들과 똑같은 놀이를 하고 똑같은 공부를 하고 똑같은 행동을 하길 바라지 않는다. 뭔가 남다른 개성을 가지고 자라는 편이 아이에게 훨씬 낫다고 생각하기 때문이다. 경쟁에서 우열을 다투면 승자는 결국 소수에 불과하다. 하지만 각자의 특성을 존중하고 개성을 살리면 모두가 승자이다.

또한 유대인에게 누가 먼저 아이디어를 떠올렸느냐는 중요하지 않다. 누가 그 아이디어를 활용하여 결실을 맺었느냐가 훨씬 중요하다. 새로운 아이디어를 생각해 내는 것도 중요하지만, 그 아이디어를 실질적으로 실행하여 구체적인 형태의 성과로 이끌어내는 것이 더욱 중요하다.

상대성 원리를 발견한 아인슈타인은 이렇게 말했다. "나는 천재가 아니다. 다만 호기심이 많았을 뿐이다." 소아마비 백신을 발견한 에드워드 솔크도 말했다. "나는 수천 번의 실험을 거쳐 백신을 발견했다. 나는 어머니가 날마다 새로운 요리를 만들어주는 것을 보고 자랐기 때문에 왕성한 실험 정신을 갖게 됐다."

창의적인 인성의 출발점

최근 우리 교육계에는 '창의 인성 교육'이라는 말이 열풍처럼 번지고 있다. 예전 열린 교육이나 자기주도학습처럼 한때의 유행일 수도 있겠지만, 미래의 핵심은 창의성에 있고 어느 시대든 인성이 가장 중요했다. 그렇다면 창의 인성 교육을 위해 가장 좋은 방법은 무엇일까? 역시 유대인의 하브루타에서 최선의 길을 찾아볼 수 있을지 모른다.

물론 우리 교육도 많은 장점을 갖고 있고, 유대인 교육이 무조건 좋기만 한 것은 아니다. 우리의 사회적·문화적·교육적인 실정에 잘 맞지 않는 점도 있고 현대적인 삶에 적용하기 어려운 점도 있다. 하지만 누구의 시선도 의식하지 않은 채 늘 바르게 살려고 노력하라는 '인성 교육'이나 다양한 시각으로 세상을 바라보고 남과 다르게 생각하라는 '창의성 교육'만큼은 반드시 눈여겨봐야 할 점이다.

하브루타는 인성을 바르게 함양하고 창의성을 풍부하게 키우는 데 매우 탁월한 교육 방법이다. 하브루타의 어떤 특성이 그런 효과를 불러오는 것일까? 바로 다른 사람들과 의견을 주고받으며 대화해야 하는 '토론' 덕분이다. 토론 교육은 아이의 인지적인 학습과 사회화 학습에 긍정적인 효과를 보일 뿐만 아니라 아이디어 산출 → 개선과 수정 → 보완과 결합 등의 독창적인 사고를 자극해 창의성의 싹을 틔운다. 더불어 토론 과정에서 자기 의견과 다를지라도 서로의 생각에 관심을 기울이고 존중하며 배려하는 습관을 들이면서 인성 교육의 효과까지 자연스레 따라온다.

미국 경제계와 금융계에서 명성을 떨치는 유대인에 관해 이야기하면서 앞에서도 잠깐 언급했지만, 『포춘』에 따르면 한국인이 세계 500대 기업에 간부로 일하는 경우는 겨우 0.3퍼센트에 불과하다. 이에 비해 유대계는 41.5퍼센트, 인도계는 10퍼센트, 중국계는 5퍼센트를 차지한다. 유대인은 무려 우리의 138배이고, 인도인은 33배이며, 중국인은 16배에 달한다.

또 다른 사례를 들어보겠다. 한국 유학생이나 재미교포 2세들이 미국의 명문대에 진학했다는 뉴스가 자주 보도된다. 그런데 그렇게 힘들게 입학한 학생들 가운데 중도에 탈락하는 숫자가 거의 절반에 이른다는 것을 아는가? 가까스로 명문대를 졸업하더라도 미국의 주류 사회에 진출하여 정착하는 경우는 매우 드물다. 설령 미국에서 주류 사회의 진출에 성공했더라도 몇 년을 못 넘긴다. 그래서 실업자로 전락하거나, 자기 전공을 계속 살리지 못하고 부모가 하는 일을 돕는 데 머무는 경우도 빈번하다. 도대체 어디서부터 잘못된 것일까?

한국 부모는 자녀에게 봉사활동이나 다른 과외활동을 거의 시키지 않고 학교와 학원을 오가며 오직 공부만 하게 한다. 어릴 때부터 남들에게 자랑하기 좋은 우등생으로 키우기 위해 공부만 강조하고 공동체 생활과 인간관계를 맺는 경험을 소홀히 한다. 그렇게 학교, 학원, 집만 오가면서 다른 사람들과 소통하는 일 없이 공부만 한 아이들은 성적이 높아 똑똑해 보이지만 인성은 그렇지 못하다. 그렇게 자란 아이들은 사회에 진출하여 직장 생활을 하더라도 자기만 알고 다른 사람을 배려하지 않으며 다른 사람과의 소통이 중요한 일도 함께 처리하지 못한다. 특히 직장에서 창의적인 아이디어를 내지 못한 채 상사가 시키는 일만 하게 되어 기업에서 간부로 자리 잡기 어렵고, 결국 스스로를 고립시켜 도태되는 지경에 이른다.

이처럼 미숙한 인간관계는 창의적인 인성을 배양하는 데도 걸림돌이 된다. 창의적인 인성은 많은 사람들과 다양한 의견을 활발하게 나누며 나와는 다른 시각으로 보고 다른 생각을 할 수도 있음을 받아들이는 과정에서 싹트기 때문이다.

　자신의 주장이든 타인의 주장이든 무조건 찬성하거나 무조건 반대하기 전에 왜 그렇게 주장하는지를 먼저 물어야 하고 다른 사람들의 견해와도 비교해 봐야 한다. 특히 언제라도 자신의 주장이 틀릴 수 있다는 열린 생각을 해야 한다. 만일 자신의 주장이 틀렸거나 상대방의 주장보다 근거가 부족하다고 판단되면 기꺼이 자기 생각을 바꿀 준비가 되어 있어야 한다. 토론할 준비가 된 사람은 곧 다른 사람에게 설득당할 준비가 된 사람이다. 그것이야말로 창의적인 인성의 출발점인 것이다.

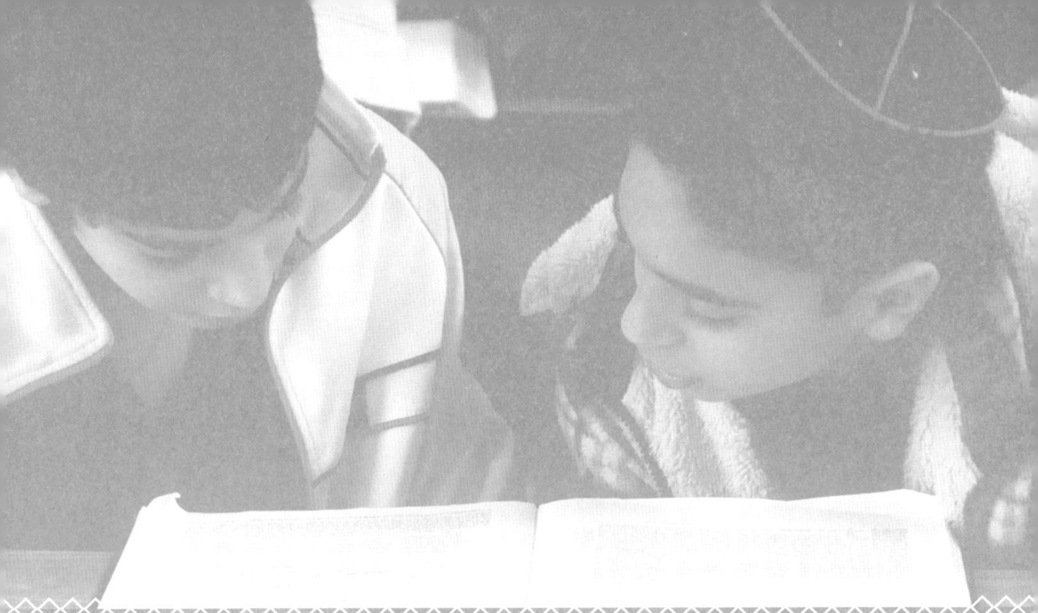

Havruta Education

스스로 생각하는 아이, 말하기를 겁내지 않는 아이

2

하브루타는
책도 살아 움직이게 한다

책과 세상을 연결시켜라

노벨평화상을 수상한 미국의 저명한 유대계 정치학자 헨리 키신저는 "어려서 아버지를 통해 배운 성서 지식이 언제나 나의 삶을 지배한다. 성서에는 정치적인 원리가 전부 다 들어 있다"고 말했다. 유대인 남편은 아내의 임신을 확인하면 제일 먼저 서점으로 달려가서 성서부터 구입한다. 그리고 그 성서의 첫 장에다 날짜를 쓴다. 그 순간 뱃속의 아이는 자신만의 성서를 갖게 되는 셈이다. 엄마는 그날부터 태아에게 성서를 읽어주기 시작한다. 이것이 유대인 태교의 시작이다.

아이가 태어나 세 살이 되면 유대인 부모는 히브리어와 토라를 가르친다. 아침에 눈뜨자마자 성서를 읽어주는 것으로 하루를 열고, 밤에 잠들 때도 성서를 읽어주는 것으로 하루를 마무리한다. 식사 시간 역시 예외가 아니다. 아이가 어릴 때는 부모의 무릎에 앉아서, 어느 정도 자라면 혼자 식탁 앞에 앉아서 성서에 대해 부모와 대화를 나눈다. 물론 식사 시간의 대화가 성서에만 국한되는 것은 아니다. 아이는 날마다 자신이 보고 듣고 경험하고 느끼는 모든 것을 대화의 주제로 삼을 수 있다.

이처럼 유대인 가정에서는 부모와 자녀 사이에 대화와 토론이 수시로 다채롭게 이루어진다. 그 과정에서 부모는 늘 질문을 던지기 때문에 자녀는 대답을 하기 위해서라도 스스로 책을 찾을 수밖에 없다. 그런데 단순히 책을 읽고 나서 그 책에 대해 부모와 대화를 나누는 방식이라면 그다지 특별할 게 없다. 유대인 부모는 아이의 현실과 책 속 이야기를 연결함으로써 아이와의 대화를 보다 실제적이고 입체적인 독서 체험으로 확장시킨다.

가령 아이가 그날 운동장에서 친구들과 싸운 이야기를 하면 아버지는 폭력과 복수에 대한 성서 구절을 찾아 아이와 대화를 나누고 토론을 이끌어낸다. 즉 성서 이야기와 그날 있었던 아들의 다툼을 연결시키는 것이다. 그러면 아들은 자기 행동을 성서 이야기에 대입하여 객관적으로 조망하고, 앞으로 자신이 어떻게 행동해야 할지 스스로 생각할 수 있는 기회를 얻게 된다.

주변에서 일어나는 어떤 일이든 가능하다. 아파트 복도에 세워둔 자전거든 신호를 무시하고 도로를 건너는 사람이든, 혹은 신문에 실린

기사든 그 무엇에 대해서라도 하브루타의 소재와 주제가 되는 것이다. 일상에서 벌어지는 모든 일들과 책 속 내용을 연결하는 실용적인 독서 체험을 통해 아이들은 지식의 유용성을 피부로 깨닫는다.

아이에게 단지 이야기를 들려주거나 책을 사주는 일은 어렵지 않다. 하지만 자칫 책 속에만 갇힐 수 있는 지식을 세상과 연결시켜주기란 쉽지 않다. 그것은 끝없는 애정과 대화를 필요로 하는 일이기 때문이다. 자녀를 공부방에 앉히고 책을 읽게 하는 것만으로 부모의 역할을 다했다고 착각하는 부모라면 이 대목을 깊이 생각해 봐야 할 것이다.

공부란 텍스트를 통해 지식을 쌓는 것이 아니라 머릿속 지식들을 세상과 연결시켜 사고를 확장하는 것이다. 공부방이나 교실, 혹은 책 속에만 갇혀 있는 지식은 아직 심지 않은 씨앗과도 같다. 씨앗을 땅에 심고 햇빛과 바람과 비를 맞게 해야 나무로 자란다. 어릴 때부터 세상과 지식을 연결하는 습관을 들이면 더욱 입체적이고 살아 있는 공부를 할 수 있다.

따라서 부모의 역할은 '세상과 연결된 지식 쌓기'를 습관화해 주는 데 있다. 그 출발점은 진심에서 우러나는 대화일 것이다. 다른 사람들 앞에서 창피당하고 싶지 않아서, 혹은 체면을 세우고 자랑하고 싶어서가 아니라 진심으로 아이를 사랑하고 염려하기 때문이어야 한다. 아이는 그 사실을 잘 안다. 진심이 담긴 부모의 말에는 아이도 마음을 연다. 이것이 '둘러 가는 지름길'이다. 반면 체면이나 마지못한 의무 등 외적인 동기는 '질러가는 우회로'이다.

아이에게 소리를 질러 강제적으로 공부를 시키면 즉각적인 결과를 얻을 수는 있겠지만, 그것은 '죽은 공부'가 될 가능성이 크다. 아이가 스스로 세상을 알아가고 자기 지식을 통해 사고를 확장해 가는 진짜 공부는 내적으로 충만한 동기가 있어야 가능하다. 그리고 그러한 동기는 부모와의 진심 어린 대화에서 출발한다.

부모의 질문으로 아이의 호기심을 부추겨 독서력을 키워라 ...

앞에서도 줄곧 언급했지만, 한국인과 유대인의 교육열은 세계 1, 2위를 다툴 만큼 유명하다. 평균 IQ의 경우에는 한국인은 106점으로 세계 2위인 데 반해 유대인은 세계 45위인 94점에 불과하다. 그래도 유대인은 노벨상 수상자의 30퍼센트를 차지할 만큼 세계적인 인재들을 배출하고 있다. 그 차이는 무엇일까? 여러 요인들이 있겠지만 '독서의 질과 양'이라는 측면에서도 두 민족의 차이는 여실히 드러난다. 한마디로 유대인은 책을 많이 읽고, 한국인은 책을 너무 안 읽는다.

한국인에게 독서 체험이란 학창 시절에 억지로 읽어야 하는 수험서가 대부분이다. 즉 시험을 준비할 때만 책을 읽는다는 뜻이다. 세계 100대 베스트셀러에 올라 있는 한국 유일의 책이 『수학의 정석』(총 3,700여만 부 판매)이라는 사실은 우리의 슬픈 독서 현실을 그대로 대변하고 있다. "책을 읽는 자식은 비뚤어지지 않고, 독서하는 민족은 망하는 법이 없다"는 유대인 격언을 생각한다면 우리의 현실은 심각하기만 하다. 그렇다면 유대인들은 어떨까?

"만일 당신의 자녀가 옷과 책에 잉크를 쏟았거든 책을 먼저 닦고 나서 옷을 닦게 하라. 만일 지갑과 책을 동시에 땅에 떨어뜨렸으면 우선 책을 줍고 나서 지갑을 줍도록 하라."

이스라엘의 유명한 랍비 임마누엘이 한 말이다. 그들은 언제나 책이 먼저이다.

흔히 유대인들을 일컬어 '책의 민족'이라고 한다. 그들은 유랑 생활을 하면서도 자녀의 손에 늘 책을 쥐어주었다. 현재 이스라엘 학교에서는 매 학기마다 학생들이 스스로 읽고 싶은 책을 도서관에서 찾아 읽고, 그 목록을 분야별로 정리하여 제출하게 되어 있다. 이런 독서 교육은 학생들로 하여금 관심사나 개인적인 특성을 고려하여 자신에게 잠재된 재능을 스스로 계발해 나가도록 유도할 뿐만 아니라 평생에 걸친 독서 습관으로 굳어지게 하는 효력을 발휘한다. 그래서 유대인들의 집에는 언제나 수많은 책들이 꽂혀 있다. 거실이 곧 서재이고 도서관인 셈이다.

∷
스스로 책을 찾는 아이. 유대인 아이들은 쉽게 책을 접할 수 있는 환경에서 자란다.

유대인 아이들은 어릴 때부터 책들로 둘러싸인 환경에서 자연스럽게 독서 습관을 갖게 된다. 이때 부모가 아이에게 책을 읽으라고 강요하는 법은 거의 없다. 다만 식탁에서건 침대에서건 부모와 함께 끝없이 대화를 나누는 하브루타 전통이 아이 스스로 책을 읽고 싶게 만들어줄 뿐이다. 아이가 책장을 펼치는 것은 어떤 의무감이나 공부를 위해서가 아니다. 그저 부모의 흥미로운 질문에 자극을 받아 누구의 강요가 없어도 자신이 알아서 책을 찾을 뿐이다.

가령 이런 식이다. "아주 옛날에는 지구에 공룡이 살았는데 지금은 다 멸종됐단다." 엄마가 이렇게 말하면 아이는 당연히 "왜 멸종됐어요?" 하고 묻는다. 성급한 부모는 자신이 아는 상식 안에서 화산 폭발이니 혜성 충돌이니 즉시 대답해 주지만, 유대인 부모는 "글쎄, 왜 멸종됐을까?" 하며 궁금증을 자극한다. 여기까지 대화가 진행되고 나면 아이는 호기심을 참지 못해 스스로 책을 찾는다. 아이의 마음속에 수많은 질문의 싹이 돋아나게 하는 것, 그것이 독서의 진정한 힘으로 작용하는 것이다.

"어떻게 하면 내 아이가 정답을 말하게 할 수 있을까?"
"어떻게 하면 내 아이가 더 많은 호기심을 가질 수 있을까?"
이 두 질문의 차이는 실로 어마어마하다. 호기심이야말로 한 인간의 지적인 활동을 평생 동안 책임질 순수한 동력이기 때문이다. 그래서 유대인 부모는 아이가 더 이상 묻지 않거나 스스로 책을 뒤져 보지 않을 때마다 질문의 방식을 바꾼다. 좀더 흥미로운 질문을 찾아 아이의 호기심을 자극하는 것이다.

이처럼 '끝없이 질문하는 습관'은 수천 년 동안 유대인의 전통으로 자리 잡아왔다. 그 결과 유대인은 정해진 답이나 정설로 굳어진 명제도 그대로 받아들이지 않는 사고 습관을 지니게 되었다. 유대인 100명에게는 100가지 의견이 존재하며, 이런 다양성이 유대인의 정체성이기도 하다. 그들은 모두가 당연하다고 여기는 것에 의심을 품고 기존 권위에 도전하며 끊임없이 질문을 던진다. 그런 식으로 토론과 논쟁을 활발하게 진행하기 위해서는 배경지식이 탄탄해야 한다. 그래서 어릴 때부터 점점 더 많은 책들을 읽어가며 스스로 독서력을 키우고 논쟁의 무기를 갈고닦는다.

하브루타는 '살아 있는 책 읽기'에서 시작된다

소위 '필독 도서'라는 것이 있다. 고전이나 세계 명작 등 반드시 읽어야 할 도서 목록들이 바로 그것이다. 그중에서도 요즘은 특히 고전 읽기의 중요성이 다시금 부각되고 있다. 그러나 고전을 많이 읽는다고 모든 것이 해결될까? 책을 읽는 것보다 더 중요한 것은 그렇게 읽은 것을 자기 것으로 만드는 일이다.

고전의 사전적인 의미는 오랫동안 많은 사람들에게 널리 읽히고 모범이 될 만한 문학이나 예술 작품이다. 다시 말해 오랜 시간을 견뎌낸 인류의 중요한 문화적 자산이자 지혜의 보물 창고라고 할 수 있다. 하지만 고전이 재미있다고 생각하는 사람은 많지 않다. 아니, 고전뿐만 아니라 독서라는 행위 자체에 익숙하지 못하다. 어릴 때부터 '필독'이라는 당위에 짓눌리고 '책'은 곧 '공부'라는 강박에 시달려온 탓이다. 그래서 우리는 '책을 안 읽는 국민'이라는 오명에서 자유롭지 못하다.

독서의 재미는 두 가지이다. 첫째는 텍스트 자체의 재미이고, 둘째는 '재미있는 독서법'이다. 하브루타는 독서의 두 번째 재미를 찾아준다. 유대인은 고전 읽기의 재미를 위해 어김없이 하브루타를 적용하고 있다.

책을 읽고 난 뒤 서로 질문하고 토론함으로써 내 삶에 적용할 부분을 찾기 전까지 그 책은 아직 내 것이 아니다. 독서에 생기를 불어넣는 전제 조건은 비판적인 해석과 새로운 관점이다. 즐겁고 유쾌하게 '살아 있는 고전'을 즐기려면 새롭고 다양한 관점으로 바라보고 비판적으로 재해석하여 다채롭게 대화하고 토론할 수 있어야 한다. 그래야 그 깊이와 넓이를 동시에 경험할 수 있으며 박제된 고전을 팔딱거리는 물고기처럼 숨 쉬게 할 수 있다.

아이들의 책 읽기는 동화에서부터 시작된다. 동화나 이야기를 싫어하는 아이들은 없다. 요즘 엄마들은 자녀를 위해 어린이 도서관처럼 거실을 꾸며놓고 많은 책을 읽게 한다. 하루에 수십 권씩 책을 읽히는 경우도 종종 있다. 엄마의 열성에 부응해 두 돌이 채 되지 않은 아이가 글을 깨치거나 30개월도 안 된 아이가 이미 수백 권의 책을 읽기도 한다. 초등학교에도 들어가기 전에 수천 권을 읽었다는 아이도 드물지 않다.

자녀가 책 속에 빠져 살면 부모들은 대부분 너무도 좋아한다. 주변에서는 영재, 혹은 천재라며 부러워한다. 하지만 영재인 줄 알았던 아이가 사실은 심각한 정신병을 앓고 있었다는 충격적인 사실에 뒤늦게 후회하는 엄마들이 늘고 있다. 문제는 유치원이나 초등학교에 들어가면서 주로 발생한다. 아이가 책 이외에 다른 장난감에는 전혀 관심을 보이지 않고 또래 아이들과도 어울리지 못하는 것이다.

이런 아이를 소아정신과에 데려가면 영재라는 판별이 아니라 '초독서증(Hyperlexia)'이라는 진단이 나온다. 초독서증이란 뇌가 성숙하지 않은 아이에게 무조건 텍스트를 주입한 탓에 의미는 전혀 모르면서 기계적으로 문자를 암기하는 유아 정신 질환을 말한다. 일종의 유사 자폐증이라고 할 수 있다. 부모와 또래 등 많은 사람들과 함께 어울리면서 사회성을 배워야 할 아이가 너무 빨리 문자에 눈뜨면서 다른 사람들과의 소통을 거부하고 자기 세계에만 틀어박히는 '자폐 성향'이 생기는 것이다.

초독서증의 증상은 언어 상실, 사회성 결여, 난폭 행동, 사물에 대한 과도한 집착 등으로 나타난다. 이런 유사 자폐증은 심한 경우 뇌 손상을 비롯한 각종 신체 이상까지 초래하는 무서운 결과를 가져온다. 어린 나이의 아이들이 문자에 대해 과도한 영재성을 보일 경우 이것은 축복이 아닌 불행의 신호탄일지 모른다.

아이를 다독가로 만들려는 노력보다 중요한 것은 단 한 권이라도 '살아 있는 독서'가 되게 하는 것이다. 그러자면 아이 혼자서 책을 읽는 시간보다는, 읽고 난 뒤 부모와 아이가 그 책에 대해 함께 이야기하는 시간이 더 길어야 한다. 초독서증이 소통의 부재와 관계있다는 사실을 감안한다면 부모와 아이가 하브루타를 통해 건강한 독서 습관을 길들이는 일이 얼마나 중요한지 알 것이다.

어린아이들은 또래들과의 하브루타가 어렵다. 그러므로 주로 어른과 짝을 지어야 하고, 그 대상은 대개 부모가 될 것이다. 아이를 무릎에 앉히고 재미있는 동화를 읽어준 다음 읽은 내용에 대해 질문하고 대화하면 된다. 이때 쉽고 재미있는 질문을 던져서 아이가 질문에 익숙해지도록 하는 것이 필요하다. 다행히 이 시절은 가장 질문이 많은 시기이기 때문에 부모가 묻지 않아도 아이가 스스로 물어댈 것이다. 정답은 중요하지 않다. 소통이 중요하다. 지식은 아이가 커가면서 자연스럽게 쌓인다. 어릴 때는 아이와 놀아주듯이 책에 대해 이야기를 나누는 것이 가장 좋다.

한 편의 이야기를 듣거나 한 권의 동화책을 읽고 나서 시시콜콜 묻는 아이와 아무것도 묻지 않는 아이 중 어느 쪽이 더 바람직한가? 아이가 많은 질문을 던질 때 부모는 가장 기뻐해야 한다. 왜냐하면 질문을 많이 한다는 자체가 책을 잘 읽었다는 뜻이기 때문이다. 책을 통해 지식을 머리에 넣는 것은 아직 중요하지 않다. 아이에게 더 중요한 것은 대화를 통해 부모와 소통하고 공감하며 감정을 교류하는 일이다. 그것이 사회성의 첫 출발점이고, 배려와 공감을 배우는 지름길이다. 아이와의 애착 문제는 저절로 해결되고, 더불어 아이의 사고도 깊어질 것이다.

　인간의 삶은 '관계' 그 이상도 이하도 아니다. 부모와 자녀 사이는 모든 관계들 중에서도 가장 기본적인 관계이다. 아이와 질문하고 대화하고 토론하는 것을 부담스러워하지 말고 그것 자체를 즐겨야 한다. 질문은 인격 형성과 실력 향상에 매우 중요한 학습 요소이다. 이것을 일찍이 간파한 유대인은 묻지 않고 듣기만 하는 학생을 높이 평가하지 않는 그들만의 전통을 만들어냈다.

　아이의 질문에 대해 정답이나 교훈을 알려주려는 행동은 게으른 사랑이다. 아이 스스로 생각해서 깨닫게 하라. 남이 알려주는 것은 내 것이 되지 않는다. 아이가 질문을 하면 다시 질문으로 돌려주어 아이가 깊은 생각을 통해 스스로 자기 답을 찾게 하는 것이 필요하다. 스스로 생각해서 답이 나오지 않으면 책을 찾아보거나 인터넷으로 검색해서 알게 하라. 모르는 것을 알아가는 행동 자체가 공부이다. 아이의 질문이란 자기 동기를 반증하는 것이기에 그 자체로 커다란 힘이 있다.

　유대인은 답을 잘 가르쳐주지 않는 것으로 유명하다. 답을 몰라서가 아니라 그 기회를 통해 아이 스스로 답을 찾아가는 습관을 들이기 위해서이다. 그 과정에 함께 참여하여 안내자 역할을 하는 것이 자기 본분이라고 생각한다.

　한국 부모와 자녀 사이의 대화는 주로 부모가 자녀에게 지시하거나 요구하는 방식이다. 오래전부터 익숙해져 온 '일방적인 대화방식'을 바꾸려면 어떻게 해야 할까? 의외로 간단하다. 아이에게 답을 말하거나 지시와 요구를 하려는 순간 그것들을 '질문'으로 바꿔보는 것이다. '답'을 '질문'으로 바꾸는 순간부터 커다란 변화가 시작되기 때문이다.

그런데 아이가 몰라서 질문하는 경우도 있지만 부모와 함께 시간을 보내고 싶어서, 같이 놀고 싶어서 일부러 질문하기도 한다. 그 시간은 충분히 아이의 관점에서, 아이의 눈높이에서 즐겁게 놀아줘야 한다.

초등학교 교실에서 유대인 아이들이 『해리 포터』 시리즈를 읽은 뒤 서로서로 짝지어 열심히 토론하고 있다.

"왜 해리는 마법 학교에 들어가기로 결심했을까?"

"해리는 어떻게 무시무시한 악당들에 맞서 싸울 용기를 낼 수 있었을까?"

"해리는 어떻게 자기가 마법사라는 걸 알게 됐을까?"

"만약 해리가 빗자루 타기에 실패했다면?"

이런 다양한 질문들에 대해 아이들의 반응도 제각각이다. 정답이 있을 수도 있고 없을 수도 있다. 다만 토론을 통해 생각을 하는 방법과 논리를 전개하는 방법, 그리고 다른 사람을 설득하는 방법을 배우는 것이다.

유대인처럼 공부하면 시간이 매우 오래 걸리는 것처럼 보인다. 하지만 교육 목적은 빨리 정답을 찾는 것이 아니다. 사고력과 문제 해결력을 기르는 것, 즉 원리를 이해해서 다른 문제를 해결할 때 그 원리를 적용할 수 있는 능력을 기르는 것이다. 동일한 문제나 사건에 대해 다양한 시각과 관점으로 생각하여 창의적으로 접근하는 방법을 배우는 것이다.

책을 읽는다는 것은 무엇을 위한 행위인가? 더 많은 지식과 교양을 쌓기 위해 책을 읽는다고 생각하기 쉽지만, 사실 '더 많은 질문, 더 좋은 질문'을 하기 위해 책을 읽는 것이다. 이런 독서 습관은 어릴 때부터 자연스럽게 몸에 배어들게 하는 것이 좋다. 책을 읽고 이야기를 나누는 어린 시절의 경험이 이후로도 독서 하브루타 습관으로 자리 잡는다.

초등 저학년 때는 주로 읽은 책의 내용에 대해 본격적으로 토론하기보다 자유로운 대화, 즉 '이야기 나누기'를 하는 것이 적합하다. 이 시기의 하브루타는 아이가 읽은 내용을 정확하게 이해했는지 확인하는 수준의 질문이 절반 정도를 차지하고, 나머지는 마음껏 상상력을 펼치면서 자유롭게 이야기하는 시간이 차지한다. 이때 책 속 등장인물과 사건을 중심으로 아이와의 대화를 이끌어나간다.

먼저 등장인물이 책 속에서 어떤 역할을 하는지, 어떤 성격인지, 옳은 행동인지, 그른 행동인지 등에 대해 생각하는 질문을 던진 후 자신이 직접 그 근거를 제시하면서 대답하도록 한다. 책에서 일어난 사건에 대해 이야기한 후 만약 등장인물이 다르게 행동했다면 그 사건의 결과가 어떻게 달라졌을지 상상해 본다.

이때 조심할 점은 부모가 아이에게 책의 내용을 가르치려 하면 안 된다는 것이다. 또한 부모가 은연중에 자기 의견을 강요하거나 유도해서도 안 된다. 아이가 다른 사람은 자신과 생각이 다를 수 있으며 그 다름이 틀렸다는 것을 의미하지 않는다는 사실을 인정하고, 여러 사람들의 다양한 생각을 자신의 생각과 비교해 보도록 하는 것이 무엇보다 중요하다. 같은 책을 읽고도 중요하게 느끼는 부분이 서로 다른 이유에 대해 이야기해 볼 수 있도록 이끈다.

초등 고학년부터는 '이야기 나누기' 차원을 넘어 토론과 논쟁의 비중이 높아진다. 따라서 책을 읽을 때 좀더 비판적인 독서를 해야 논리적인 답변이 나올 수 있다. 이 시기에는 자신의 생각과 경험, 혹은 다른 책이나 친구들의 의견과 비교해 가며 하브루타를 하게 한다. 독서 하브루타는 아이의 나이에 따라, 읽은 책의 내용에 따라, 그리고 아이의 독서 수준에 따라 매우 다양하게 이루어질 수 있다.

독서 하브루타

『백설공주』 하브루타를 위한 질문들

- 백설이라는 이름은 무슨 뜻일까?
- 왕비는 왜 자꾸 거울을 봤을까?
- 무엇이든 알려주는 마법 거울이 있다면 무엇을 물어보고 싶은가?
- 사냥꾼은 왜 백설공주를 살려줬을까?
- 난쟁이들은 왜 백설공주를 받아줬을까?
- 난쟁이들은 백설공주가 착하다는 것을 어떻게 알았을까?
- 백설공주를 구해준 사람들이 왜 하필 난쟁이였을까?
- 난쟁이의 수는 왜 일곱 명일까?
- 왕비는 왜 다른 것이 아닌 빗과 사과를 이용해서 백설공주를 죽이려 했을까?
- 왕비는 왜 세 번이나 백설공주를 찾아갔을까?
- 난쟁이들이 절대 열지 말라고 했는데 백설공주는 왜 세 번씩이나 문을 열어줬을까?
- 두 번씩이나 당했는데도 왜 백설공주는 변장한 왕비를 알아보지 못했을까?
- 백설공주가 바보 같다고 생각되는 행동은 무엇인가?

- 백설공주는 사과에 독이 들어 있을 것이라는 생각을 왜 하지 못한 걸까?
- 『백설공주』에는 '7'이라는 숫자가 유난히 자주 나온다. 한번 찾아보자.

  (백설공주가 계모보다 더 아름다워진 것이 일곱 살 때부터였고, 난쟁이들의 숲은 일곱 개의 산 너머에 있었으며, 일곱 난쟁이, 그리고 일곱 개의 숟가락과 포크와 침대 등이 등장한다.)

- 어째서 숫자 7이 이렇게 자주 등장할까?
- 『백설공주』에는 색채의 표현이 두드러지게 나타나는데 이것은 어떤 의미를 갖고 있을까? ('눈처럼 흰 피부', '피처럼 붉은 입술', '숯처럼 검은 머리', '새까만 창틀의 창문 앞에서 바느질을 하는 엄마' 등과 같은 표현들이 나온다.)
- 백설공주가 난쟁이 아닌 거인 일곱 명이 사는 집으로 갔다면 이야기는 어떻게 달라졌을까?
- 백설공주가 만약 나쁜 공주였다면 이야기는 어떻게 전개됐을까?
- 왕자는 왜 죽은 공주에게 입을 맞췄을까?
- 독이 든 사과를 먹고 죽은 백설공주의 시체는 왜 썩지 않았을까?
- 난쟁이들 중 한 명이 백설공주와 결혼하면 안 되는가?
- 공주와 왕자가 결혼한 후 난쟁이들과 왕비는 각각 어떻게 지냈을까?

『콩쥐팥쥐』vs『신데렐라』하브루타를 위한 질문들

『콩쥐팥쥐』 내용 확인을 위한 질문들

- 콩쥐 부모가 이름을 '콩쥐'라고 지은 이유는 무엇인가?

- 콩쥐의 친어머니는 어떻게 되었나?
- 콩쥐 아버지는 누구를 새어머니로 맞이했나?
- 팥쥐 어머니의 구박은 언제부터 본격적으로 시작됐는가?
- 콩쥐와 팥쥐는 각각 어떤 호미로 어떤 밭의 풀을 뽑았나?
- 콩쥐가 풀을 뽑을 때 누가 도와줬는가?
- 잔칫날 새어머니가 콩쥐에게 시킨 세 가지 일은 무엇인가?
- 물을 아무리 부어도 채워지지 않은 이유는 무엇이었는가?
- 깨진 항아리 밑을 누가 막았는가?
- 선녀는 무엇을 도와줬나?
- 벼를 쪼아 껍질을 벗긴 동물은?
- 콩쥐가 다리를 건널 때 꽃신을 빠트린 것은 무엇 때문인가?
- 원님의 부하들이 꽃신의 주인을 찾은 이유는 무엇인가?
- 팥쥐 엄마와 팥쥐의 발에 꽃신이 맞지 않은 이유는 무엇인가?
- 콩쥐는 결국 누구와 결혼하게 되는가?

『신데렐라』 내용 확인을 위한 질문들
- 신데렐라의 이름은 무슨 뜻일까?
- 신데렐라의 원작자는 누구인가?
- 신데렐라의 어머니는 왜 돌아가셨을까?
- 신데렐라의 새어머니는 누구와 함께 왔는가?

- 신데렐라의 새어머니와 언니들은 신데렐라를 어떻게 구박하는가?
- 신데렐라의 좋은 친구는 누구인가?
- 신데렐라는 하루 일이 끝나면 어디에서 쉬었을까?
- 왕자님이 신부를 찾기 위해 연 것은 무엇인가?
- 새어머니가 재에 뿌린 것은 무엇일까?
- 재에서 콩을 주울 때 누가 도와줬는가?
- 신데렐라가 무도회에 갈 수 있는 방법을 일러준 사람은 누구인가?
- 요정 할머니가 신데렐라에게 가져오라고 한 세 가지는 무엇일까?
- 마차로 변한 것은 무엇인가?
- 생쥐는 무엇으로 변했는가?
- 도마뱀은 무엇으로 변했는가?
- 요정 할머니의 요술은 몇 시가 되면 풀리는가?
- 유리 구두가 벗겨진 이유는 무엇인가?
- 왕자의 신하들이 유리 구두의 주인을 찾아다니는 이유는 무엇인가?
- 신데렐라는 결국 누구와 결혼하게 되는가?

『콩쥐팥쥐』와 『신데렐라』를 읽은 후 상상력을 자극하기 위한 질문들

- 신데렐라와 콩쥐 중에 누가 더 고생했다고 생각하는가?
- 『콩쥐팥쥐』와 『신데렐라』의 공통점은 무엇인가?
- 『콩쥐팥쥐』와 『신데렐라』의 차이점은 무엇인가?

- 콩쥐와 신데렐라 중에 누가 더 좋은가? 그 이유는 무엇인가?
- 선녀는 콩쥐를 도와주기 위해 아무것도 요구하지 않았는데, 요정 할머니는 신데렐라를 도와주기 위해 여러 가지를 가져오라고 한 이유는 무엇일까?
- 콩쥐와 신데렐라가 착하다고 생각할 수 있는 행동들은 무엇인가?
- 콩쥐와 신데렐라가 했던 집안일의 종류에서 차이점은 무엇인가?
- 신데렐라 콤플렉스란 무엇인가? 콩쥐 콤플렉스라는 말도 있는가?
- 콩쥐의 깨진 항아리를 막은 것이 왜 하필 두꺼비일까? 두꺼비가 막은 항아리의 물은 더럽지 않을까?
- 신데렐라의 유리 구두를 신을 수 있을까? 깨지지 않을까? 왜 하필 유리 구두일까?
- 현재 나에게 선녀와 요정 할머니는 무엇인가?
- 원님과 결혼한 콩쥐는 행복했을까?
- 만일 동화가 왕자와 신데렐라가 결혼한 것으로 이야기가 시작된다면 어떻게 될까?
- 『콩쥐팥쥐』나『신데렐라』이야기는 현대에서도 일어날 수 있는 이야기인가?
- 『콩쥐팥쥐』나『신데렐라』이야기를 비판한다면?

저절로 성장하는 마법의 시간, 베드 타임 스토리

유대인 아이들은 네 살 정도가 되면 벌써 평균 1,500여 개의 어휘를 소화한다. 단어가 생각의 도구라는 점을 감안한다면, 유대인 아이들은 스스로 생각하는 나이가 되면서부터 이미 다른 아이들보다 훨씬 많은 도구를 갖고 시작하는 셈이다.

유대인 엄마들이 유별나게 단어 공부를 많이 시켜서일까? 그렇지 않다. 단어 암기에만 중점을 두는 교육이라면 오히려 그 효과는 반감된다. 중요한 것은 단어가 아니라 '이야기'이다. 유대인 아이들은 태어날 때부터, 아니 태어나기 전부터 부모의 음성을 통해 무수한 '이야기의 세례'를 받는다. 특히 유대인 부모는 매일 밤마다 잠들기 전 침대 머리맡에서 아이들에게 책을 읽어주거나 이야기를 들려주는데, 이것을 '베드 타임 스토리(bed time story)', 혹은 '베드 사이드 스토리(bed side story)'라고 한다. 물론 잠자기 전 아이들에게 이야기를 들려주는 부모도 있지만, 유대인에게는 이것이 하브루타의 일종으로 하나의 전통적인 의무이자 일과로 굳어 있다.

베드 타임 스토리에 대해 이스라엘 랍비인 사무엘에게 물었을 때 그는 이렇게 말했다.

"우리는 세 살 정도부터 본격적으로 아이에게 성서를 가르치기 시작한다. 아주 어릴 때부터 성서 이야기를 들려주는 것이다. 아이가 잠들기 전에 성서 이야기를 들려주는 것은 아주 오래된 전통이다. 이미 탈무드 시대부터 시작됐다. 유대인은 아이가 말하기 시작할 때부터 쉐마(『신명기』 6장 4~9절)를 따라하게 한 다음에 재운다. 아이가 침대에 누우면 먼저 동화를 들려주고 대화를 나눈 다음 쉐마를 외우게 한다."

잠들기 직전의 시간은 아이들의 교육에 마법의 시간과도 같다. 길어야 30분 정도에 불과한 짧은 시간 동안 부모와 자녀 사이에는 어느 때보다 긴밀한 소통이 이루어질 수 있으며, 그것은 아이의 일생에 커다란 영향을 미친다. 어쩌면 부모에게는 이 시간이 아이와 대화하기에 가장 어렵고 바쁜 시간일지도 모른다. 여러 가지 밀린 일들을 해결해야 하기 때문이다. 그래서 베드 타임 스토리는 부모의 결단과 의지, 그리고 자식에 대한 사랑을 필요로 하며, 아이에게도 부모에게도 어길 수 없는 습관으로 굳어질 필요가 있다.

유대인 부모는 자녀에게 하루의 많은 경험들 중 기분 나빴던 일, 슬펐던 일을 그날로써 마무리 지을 수 있도록 배려한다. 아무리 자녀를 심하게 꾸짖었더라도 아이가 잠자리에 들 때만은 정답게 다독이며 좋지 않은 감정의 앙금이 어린 마음에 남아 있지 않도록 하는 것이다.

그리고 성서에 나오는 이야기나 위인전, 동화 등을 들려준다. 특히 위인전을 읽어줄 때는 반드시 전통을 빛낸 인물들을 모델로 제시한다. 자신의 관심 분야에서 뛰어난 성취를 이룬 위인의 이야기를 듣는 동안 아이의 가슴속에는 동경과 선망이 싹트며 이내 자기 꿈으로 자라게 된다. 즉 역할 모델을 통해 자기 동일시가 이루어지는 것이다.

베드 타임 스토리는 아이가 정해진 시간에 잠드는 습관을 갖도록 만드는 효과도 더불어 가져오지만, 가장 중요한 효과는 무엇보다 아이의 언어 발달에 지대한 도움을 준다는 것이다. 한참 말을 배우는 아이가 책에 나오는 다채로운 단어들과, 그 단어들이 아름답게 어우러지는 문장들과 무수히 접촉하기 때문에 어휘력과 표현력이 발달하지 않을 수 없다. 더구나 이야기를 듣는 동안 아이는 추상적인 개념들도 자연스럽게 익히며 다양한 정서들을 경험하게 된다.

실제로 연구에 의하면 신생아 때부터 엄마가 말을 많이 건넨 아기는 그렇지 않은 아기보다 언어 능력이 월등할 뿐만 아니라 지능지수, 창의력, 문제 해결력도 뛰어났다. 아이가 자라면서 읽기 능력, 쓰기 능력, 판단 능력 역시 향상된다고 한다. 부모가 되도록 아이와 얼굴을 마주 보고 직접 대화해야 하는 이유가 여기에 있다.

나이와 상관없이 아이에게 가장 좋은 언어 교육 방법은 부모와의 언어적인 상호작용, 즉 대화와 소통이다. 하버드대 아동언어학자 캐서린 스노 교수는 아기에게 말을 더 많이 건네는 부모, 아기와의 상호작용 속에서 많은 대화를 나누는 부모, 아기와 더 밀도 있게 이야기하는 부모의 자녀들이 더 뛰어난 언어 능력을 갖게 된다고 했다. 아이는 말할 수 있기 훨씬 이전부터 다른 사람의 말을 이해할 수 있는 능력을 지니기 때문에 아주 어릴 때부터 계속 말을 걸어주는 것이 중요하다.

베드 타임 스토리의 중요성은 뇌의 작용으로도 설명된다. 인간의 뇌 속에는 해마라는 기관이 있어서 잠을 자는 동안 저장해야 할 기억과 버려야 할 기억을 정리한다. 잠든 사이에 가장 활발하게 작용하는 해마는 낮의 상황을 기억해 두었다가 우리가 자는 동안 그 기억을 정리하고 축적한다. 그래서 잠들기 직전에 정보가 가장 잘 저장된다. 베드타임 스토리가 아이의 기억에 오래도록 남는 것도 이 때문이다.

게다가 부모가 자신을 사랑한다는 것을 직접 체감하면서 잠들 수 있기 때문에 아이와의 애착을 형성하기에도 이보다 더 좋은 방법은 없다. 잠잘 때마다 부모의 사랑을 확인하면 그 사랑의 확인이 뇌에 그대로 저장되어 아이는 일생에 걸쳐 긍정적이고 안정적으로 정서의 균형을 이룰 수 있다.

잠자리에서 이야기를 들려준 뒤 그 느낌을 나누는 과정 역시 책을 읽어주는 과정 못지않게 중요하다. 처음에는 질문의 의미조차 이해하지 못하던 아이들도 몇 번이고 반복해서 쉬운 말로 되풀이하면 자기 생각을 서툴게나마 말하게 되고, 결국에는 이야기의 교훈까지 나름대로 찾아내게 된다. 물론 이 과정에서도 아이들은 사고력과 표현력을 키우고 책 읽기와 글쓰기에 익숙해진다. 유대인 중에서 세계적으로 유명한 문인들이 많이 배출되는 것도 이 덕분이라고 할 수 있다.

H·A·V·R·U·T·A

인성 교육은
밥상머리에서 시작된다

가족의 행복과 성공을 이끄는 천국의 식탁 ...

2011년 초, 나는 쉐마클리닉을 통해 유대인 가정을 직접 체험할 수 있는 기회를 얻었다. 그린버그라는 30대의 젊은 유대인 부부의 집이었는데, 중학생 큰아이부터 갓난아기까지 다섯 자녀가 있었다. 20~30명이 다 들어가고도 남을 만큼 넓은 거실에는 어디에도 텔레비전이 보이지 않았다. 한국의 거의 모든 집에 상징물처럼 커다란 텔레비전이 거실 한쪽을 떡하니 차지하고 있는 것을 생각하면 약간 낯선 풍경이기도 했다.

거실 벽에는 이스라엘 지도와 예루살렘 풍경화가 걸려 있고, 그 외에 나머지 부분에는 책장들이 늘어서 있었다. 책장에는 하드커버로 된 토라와 탈무드를 비롯해 수많은 책들이 빼곡히 꽂혀 있었다. 텔레비전, 오디오, 장식품 대신 온통 책으로 벽을 채워놓은 것이다. 아이들 방에도 한쪽 벽면 가득히 히브리 알파벳과 어린이책들이 꽂혀 있었고, 다른 벽면에는 다양한 학습 도구와 장난감뿐만 아니라 아이들이 직접 그린 그림이나 글씨, 편지들로 채워져 있었다.

"저는 영국에서 태어났어요. 지금은 할리우드에서 영화 일을 하고 있죠."

그린버그가 말했다. 그는 이스라엘을 여행할 때 지금의 부인을 만났다고 했다. 부인은 브라질 출신의 유대인이었다.

"사실 미국으로 건너왔을 때만 해도 저는 유대인으로서의 정체성에 대해 둔감한 편이었습니다. 그런데 한번은 랍비의 집을 촬영할 일이 생겼어요. 저는 어디나 그렇듯이 촬영 대가로 당연히 돈을 달라고 할 것 같아 많은 돈을 준비했죠. 하지만 그 랍비는 돈 대신 다른 것을 청하더군요."

"무엇을 청하던가요?"

"안식일에 자기 집을 방문해 달라고 했어요. 단지 그것뿐이었죠."

사실 그때까지 그린버그는 안식일을 지킨 적이 없었다. 그런데 안식일에 랍비의 집에 초대되어 함께 저녁을 먹는 동안 큰 충격을 받았다고 한다.

"그것은 한마디로 천국의 식탁이었어요."

"천국의 식탁이요?"

"네, 바로 그거예요. 세상의 모든 행복은 사실 가정에서부터 시작되잖아요. 하지만 우리는 늘 바쁘게 살아가다 보니 그걸 잊고 있었던 거예요. 그 랍비 가족의 저녁 식탁은 우리가 잊고 있던 행복이라는 것을 그대로 보여줬어요."

그린버그가 말하는 천국의 식탁이란 부모와 자녀들이 같이 식사를 하며 끝없이 대화를 나누고 각자의 고민과 생각을 주저 없이 꺼내어 함께 치유해 가는 공간을 의미했다. 누군가가 질문을 하면 아무리 사소한 이야기일지라도 모두들 자유롭게 조언하고 진지하게 토론하는 문화 속에서 아이들은 자신이 언제나 존중받고 있다는 사실을 온몸으로 느낀다. 그린버그가 초대받은 랍비의 식탁은 '사랑'이 가족에게 얼마나 절대적인 것인지, 자아실현과 출세와 성공 등 인간이 추구하는 모든 것들이 바로 그 토대 위에서 싹 틔운다는 사실을 생생하게 보여줬다.

그린버그는 랍비 가족들과 사귀면서 자기 정체성을 찾아가기 시작했다. 그리고 자신도 이제 '안식일 식탁'을 지키기로 했다. 그런데 안식일 식탁을 처음 시작하려던 어느 금요일, 곤란한 일이 생기고 말았다. 마침 그날 저녁에 톰 크루즈, 샤론 스톤 같은 할리우드 스타들과의 약속이 잡혀버린 것이다. 그는 고민에 빠졌다. 그 자리에 참석하지 못하면 모처럼 기회를 얻은 대형 프로젝트가 무산될 수도 있는 상황이었다. 하지만 그는 용기를 내어 약속을 포기하고 생애 처음으로 가족들과 안식일 식탁을 준비했다.

"그런데 무슨 일이 벌어졌는지 아세요? 그날 스타들과 만나기로 했던 장소에서 폭발 사건이 일어나는 바람에 약속이 모두 취소됐어요."

그린버그는 '그래서 더욱 안식일 식탁을 철저히 지키게 됐다'며 웃었다.

먼저 그린버그가 거실로 아이들을 하나하나 불러 머리에 손을 얹고 축복 기도를 해준 후 우리는 자리를 옮겨 안식일 식탁이 차려진 곳으로 갔다. 커다란 식탁 주위로 그린버그의 가족들과 초대 손님들이 함께 둘러앉았다. 곧이어 그린버그의 안내에 따라 노래를 부르고 기도문을 읽은 뒤 어른들부터 포도주 잔을 채웠다. 아이들에게는 포도 주스를 따라주었다.

다 함께 축복의 기도를 읊으며 잔을 비운 뒤 순서대로 손을 씻는 정결 의식이 이어졌다. 한 사람 한 사람 손을 깨끗하게 씻은 뒤 다시 식탁으로 돌아오자, 그린버그가 빵 바구니에 덮인 천을 걷고 할라 빵을 잘라 가족들과 손님들에게 나눠줬다.

::
안식일 식탁에서 가장 긴 시간을 차지하는 것이 가족들 사이의 하브루타이다. 일주일 동안 있었던 일들을 나누고 자기 고민이나 서로에게 바라는 것들을 이야기한다. 그래서 유대인 가족은 서로에 대해 모르는 것이 거의 없다.

빵을 먹으면서 그린버그는 아이들과 성서에 대한 질문을 주고받았다. 가끔 아이들이 대답을 하지 못하거나 틀린 대답을 하면 질문 방식을 바꾸어 다시 묻기도 했다. 그사이에 다른 아이들이 자연스럽게 대화에 끼어들면서 토론은 점점 풍성해졌다.

열 살쯤 되는 큰딸이 자기 차례가 되자 종이를 꺼내더니 깨알같이 적힌 내용들을 설명하기 시작했다. 곧이어 아빠의 질문과 딸의 대답이 번갈아 이어졌다. 다들 식탁에서 자유롭게 빵이나 과일을 먹는 동안에도 토론은 계속 진행됐다.

이번에는 그린버그가 지난 엿새 동안 할당된 토라의 내용을 가지고 아이들에게 질문했다. 이따금 아이들의 답이 틀려도 그 자리에서 답을 알려주는 법은 없었다. 한 아이가 답하지 못하면 언제나 질문을 바꿔보거나 다른 아이가 답하도록 순서를 넘겨줄 뿐이었다. 그런 식으로 아이들로 하여금 더욱 궁금증을 품게 하고 호기심을 키우게 하는 것이다. 이 과정이 거듭될수록 아이들의 지적인 감각과 관심은 더욱 날카로워진다.

그렇다고 이 시간이 꼭 '질문과 대답'만으로 이루어지는 학습의 장은 아니었다. 대화의 소재는 무궁무진하며 그 와중에도 서로에 대한 사랑과 존중이 다양한 방식으로 표현됐다. 유대인에게 안식일이란 '성결(聖潔)의 시간'과도 같다.

6일 동안 지저분해져 있던 집도 깨끗해지지만, 무엇보다 가족 구성원들 모두 영적으로 깨끗해지는 시간인 것이다. 적어도 이날만큼은 최고의 음식이 가장 좋은 접시에 담겨 식탁 위에 오른다. 저녁 만찬에 임하는 가족들의 몸가짐도 평소와는 다르다. 이 하루 동안 가족들은 서로 대화하는 데 모든 관심과 정성을 집중한다. 아무리 바빠도 그 시간만큼은 절대로 양보하지 않는다. 왜냐하면 하나님이 유대인을 안식일

잔치에 초대했다고 믿기 때문이다.

안식일 만찬이 진행되는 동안 나는 이 평범한 유대인 가족의 모습을 지켜보면서 정말로 현실 속의 천국이 실현되는 듯한 느낌을 받았다. 실제로 유대인에게 '가장 행복한 순간이 언제인가?'라고 물어보면 대부분 가족과 함께하는 안식일 식탁이라고 대답한다.

한국에서 온 내 눈에는 그들의 식탁 풍경이 낯섦을 넘어 거룩하게 느껴지기까지 했다. 유대인 철학자 아브라함 요수아 헤셸이 『안식』에서 왜 "안식일은 쓰다듬듯이 다가와 우리의 두려움과 슬픔과 어두운 기억을 닦아 없애준다"고 말했는지 알 것 같았다.

유대인만의 시크릿, 식탁을 대화와 토론의 탁자로 만들어라 · · ·

"유대인을 특별하게 만드는 비결은 없다. 다만 세대를 거쳐 계승되는 '저녁 식탁의 문화'가 있을 뿐이다."

『더룰』의 저자 앤드류 J. 서터는 많은 사람들이 생각하는 유대인의 비밀이라는 것이 사실은 식탁에서 시작된 문화의 일부분이라고 말한다. 그리고 그 식탁 문화의 핵심에는 "혀끝에서 세계가 펼쳐진다"는 격언이 있다. 그는 어릴 때부터 항상 들어왔던 그 말을 그저 '모르면 질문하라'는 뜻으로만 이해했다. 하지만 점차 자라면서 그 말속에 들어 있는 깊은 의미를 알게 됐다. 혀끝에서 세계가 펼쳐진다는 것은 곧 '끝없는 대화'를 기반으로 하는 하브루타와 직결되는 말이다.

실제로 유대인에게 유대 교육의 비밀을 물어보면 딱히 대답할 말이 없다는 반응을 보인다. 하지만 그들은 그 문화 안에 있어서 잘 모를 뿐이다. 유대인에게 하브루타는 한국의 김치와 같은 것이다. 우리가 김치의 효능을 인식하지 않아도 그저 조상 때부터 먹어왔기 때문에 먹듯이 유대인도 그들의 조상이 그랬던 것처럼 식탁에서 가족과 함께 하브루타를 실천해 왔을 뿐이다. 그러다가 지금에 와서 하브루타가 그들을 성공으로 이끄는 '위대한 습관'임을 새삼스레 깨닫게 된 것이다.

유대인의 중심에는 항상 가정이 있다. 가정이라는 울타리 안에서 일어나는 가족들 간의 교감이야말로 삶의 핵심인 것이다. 그 교감이 가장 활발히 이루어지는 때가 바로 저녁 식사이다. 그들에게 식탁은 단순히 음식을 먹는 자리가 아니다.

유대인의 식탁은 자녀의 인격 형성에 매우 중요한 장소이다. 유대인은 대부분 현대인의 바쁜 삶 속에서도 저녁만큼은 집에서 식사를 하려고 하며, 이런 저녁 식사 자리에서 하루를 정리하고 서로에게 그날 일어났던 일들을 나눈다. 이 공간은 아이에게 질문을 던지는 기회이자, 자유로운 토론이 허심탄회하게 이루어지는 장이다. 매일의 저녁 식사에서 다루어지지 않는 주제는 없고, 이를 통해 아이의 지적 호기심은 계속 자라난다. 아이는 그 호기심을 채우기 위해 스스로 책을 읽고 자발적으로 공부를 한다. 이렇게 가정에서 가족들끼리 자연스럽게 대화를 나누고 토론하는 것이 가족 하브루타이다.

공부를 놀이처럼

공부와 놀이를 분리하지 마라

스스로 즐겁게 공부하는 아이.

모든 부모가 바라는 자녀상일 것이다. 누가 시키지 않아도 제 스스로 호기심을 갖고 책을 뒤적이거나 끝없이 묻고 배우는 아이라면 무슨 걱정이 있겠는가? 하지만 그런 기질을 천성적으로 타고나지 않은 이상 아이들은 틈만 나면 놀고 싶어 하기 마련이다.

"어째서 아이들은 공부라면 질색하고 그저 놀고만 싶어 할까?"

사실은 이런 질문부터 잘못된 것이다.

배움의 가장 큰 비극은 '놀이'와 '공부'를 분리했다는 점이다. 세상의 어떤 재미도 '공부'라는 틀 안에 가두고 나면 금세 지루해지기 마련이다. 그래서 놀이 개념을 빼놓은 채 공부만을 강요할수록 아이들은 학교에 가기 싫어하고 공부라면 지긋지긋해할 수밖에 없다.

아이들은 원래 호기심으로 똘똘 뭉쳐 있는 존재이다. 틈만 나면 주변의 모든 것에 관심을 기울이며 알고 싶어 발버둥 친다. '먼저' 호기심이 있고 '그다음'에 지식이 있는 것이다. 모르는 것을 알아가는 과정 자체가 즐거운 놀이이다. 그런데 오늘날의 교육은 '먼저' 지식을 우겨 넣고 '그다음'에 호기심을 강요하는 방식으로 순서가 바뀌어버렸다. 아이들은 당연히 지루하고 괴로울 수밖에 없다.

공부와 놀이가 분리되고 호기심과 지식의 순서가 뒤바뀐 것은 부모와 사회의 조급증에서 비롯된다. 오늘날 우리 부모들은 자기 자녀가 좀더 빨리, 좀더 많이 배우기를 원한다. 부모들 스스로 경쟁에 치인 나머지 자녀에게도 그것을 강요하게 된 것이다. 그 결과 아이가 스스로 왕성한 호기심과 순수한 동기를 갖기까지 기다리지 못하고 섣불리 지식을 주입한다. 그릇이 준비되지 않았는데도 물을 붓는 오류를 범한 셈이다.

이와 달리 유대인 가정에서는 '부모의 기다림'을 목격할 수 있다. 유대인 부모는 아이 스스로 관심을 나타낼 때까지 기다린다. 그렇다고 팔짱만 낀 채 느긋하게 기다리는 것은 아니다. 늘 아이를 지켜보며 애정 어린 관찰자 역할을 충실히 수행한다.

무엇을 관찰할 것인가? '아이의 관심'이 어디로 향하는지를 관찰해야 한다. 아이마다 유독 좋아하고 관심을 기울이는 대상이 한두 가지씩 있기 마련이다.

 가령 아이가 물고기를 즐겨 그린다면 부모도 곁에서 함께 그리면서 대화의 물꼬를 튼다. 이때 아이보다 더 잘 그리려고 하거나 일일이 가르치려 해서는 안 된다. 늘 아이의 눈높이에서, 혹은 아이의 뒤에서 따라가는 자세가 필요하다. 아이의 관심이 점점 커진다고 판단되면, 이번에는 작은 수족관을 만들어 직접 물고기를 기르며 관찰할 수 있는 환경을 만들어준다. 아이가 자란다는 것은 관심이 커진다는 뜻이다. 아이가 자라 물고기에 대한 관심이 점점 커진다면 부모는 물고기에 관한 책을 구입해 아이에게 읽어주면서 그림을 보고 대화한다. 또한 다양한 종류의 물고기들을 직접 그려보고 물고기를 주제로 하는 텔레비전 프로그램, 영화, 비디오를 시청하면서 아이의 사고를 자극한다. 물고기의 세계는 드넓다. 민물고기, 바닷물고기, 물고기의 종류, 생김새, 색깔, 사는 곳 등 물고기와 관련한 아이의 관심사를 넓혀줄 수 있는 방법은 무수히 많다.

 관심이란 스스로 발전하고 진화하려는 속성이 있다. 따라서 물고기로 시작된 아이의 관심은 새롭게 받아들인 지식들끼리 연결되면서 자연스럽게 바다, 어류, 포유류, 기후 등 인접 분야로 옮아가게 된다. 이 모든 과정은 '선(先) 호기심, 후(後) 지식'이라는 순서로 이루어지며 매 단계마다 순수한 지적 재미와 쾌감을 동반한다. 즉 알아가는 과정 자체가 재미인 것이다.

 아이가 최초의 관심을 보일 때 그것은 씨앗의 형태에 가깝다. 이후

싹을 틔우고 줄기가 올라가고 잎이 나고 꽃을 피우고 열매를 맺기까지는 적당한 영양분과 햇빛, 즉 부모의 관찰과 기다림이 필요하다. 만일 아이가 물고기에 관심을 갖기 시작하자마자 무턱대고 물고기에 관한 백과사전을 쌓아놓고 가르치려든다면 아이의 관심은 싹 트기도 전에 질식하고 말 것이다.

유대인 부모는 수수께끼와 유머 있는 놀이로 소통한다

어떻게 하면 늘 즐겁고 재미있게 공부할 수 있을까? 역시 '공부를 놀이처럼 하는 것'이다. 유대인의 하브루타는 모두가 힘들어하는 공부를 즐거운 놀이로 바꾼 대표적인 경우이다.

한국 부모처럼 유대인 부모도 아이와 함께 퍼즐이나 그림 맞추기, 블록 놀이, 찰흙 놀이, 각종 만들기 같은 것들을 한다. 다만 그 놀이에 항상 질문이 따라다닌다. 즉 놀이를 통해 새로운 것을 배우는 과정에서 부모와 끊임없이 대화를 나눔으로써 가장 효과적인 교육을 실시한다.

어린아이에게 가장 즐겁고 재미있는 경험은 무엇일까? 그것은 두말할 것도 없이 놀이라는 데 모두 동의한다. 그런데 아이의 놀이를 위해 무엇을 갖춰야 할까? 한국 부모는 놀이의 중요성에 대해 깨닫고 나서도 이것부터 고민한다. 비싼 교구재만 갖고 놀 수 있는 것은 아니다. 아이에게는 플래시 카드나 책보다 흙이나 모래가 더 좋은 교구재일 수 있다. 여기에서 중요한 것은 도구가 아니라 소통의 체험이다.

하버드대의 연구 결과, 하루에 70분 정도 부모와 질 높은 상호작용을 하는 아이는 그렇지 않은 아이보다 성공적인 삶을 영위한다고 한다. 온종일 아이 옆에 붙어 있다고 좋은 게 아니라 상호작용의 질이 문제이다.

부모와 아이의 상호작용 중에 가장 중요한 것은 놀이와 대화이다. 그런 놀이와 대화는 부모와 아이의 감정적인 교류에 기초해야 한다. 가르치려고만 노력하기 이전에 정서적인 교감이 중요하다는 이야기이다. 아이에게는 아이 자신이 하고 싶어 하고 즐거워하고 재미있어 하는 것을 시키는 것이 가장 좋은 방법이다. 아이가 원해서 배우고 싶어 하는 것을 함께하면 된다. 아이가 뭔가를 싫어하면 왜 그것을 싫어하는지 정확하게 파악할 필요가 있다. 싫어한다는 것은 아이에게 어떤 어려움이 있다는 증거이므로 그 원인을 찾아서 없애줘야 한다.

놀이는 부모와 아이의 관계를 가장 가깝게 해줄 수 있는 통로가 되어준다. 아이는 놀이를 통해 긍정적인 감정을 경험하고, 그것을 토대로 부모에 대해서도 긍정적인 느낌과 인식을 발달시킨다. 그러나 이렇듯 놀이의 긍정적인 효과를 얻으려면 아이와 잘 놀아야 한다.

현실적으로 아이들은 대부분 부모와의 놀이를 불편해하거나 피하려 든다고 한다. 그 이유는 아이의 입장에서 노는 것이 아니라 부모의 입장에서 놀기 때문이다. 다시 말해 부모가 늘 뭔가를 가르치려 하고 간섭하려 하기 때문이다. 그때부터 아이에게는 노는 것이 고통스럽다. 아이와 놀아준다는 것은 아이가 느끼고 원하는 대로 반응한다는 뜻이다. 놀이 공간 속에서 한글, 영어, 숫자와 같은 인지 기능과 연결하기보다는 그저 아이의 눈높이로 집중해서 놀아주는 것이 중요하다.

아이가 유아기를 지나면서부터 유대인 부모는 좀더 진화된 형태의 놀이로 아이와 소통한다. 그것은 바로 유머와 수수께끼이다. 유대인은 오래전부터 유머나 수수께끼를 '머리를 날카롭게 갈 수 있는 숫돌'이라 여겼다.

탈무드에도 수수께끼로 표현된 지혜들이 많이 있다. 수수께끼는 간단한 질문 하나로 아이에게 상상력을 불어넣는 아주 좋은 방법이다. 그래서 유대인 부모는 아이가 말을 어느 정도 알아듣기 시작하는 시기부터 수수께끼 놀이를 시작한다. 주로 사물의 명칭과 쓰임에 대해 묻고 답하면서 점차 형용사나 반대되는 말, 비슷한 말로 범위를 넓혀간다. 이런 과정을 통해 명사와 형용사, 반대와 유사 개념을 익히면서 자연스럽게 어휘력, 표현력, 상상력이 풍부해진다.

그리고 유머는 창의적인 사고력과 밀접한 연관을 갖고 있다. 유대인은 사회적으로 성공하거나 높은 자리에 오를수록 더욱더 유머를 중요하게 생각한다. 유머는 지성의 꽃이며 가장 강력한 힘으로 작용한다고 믿기 때문이다. 실제로 세계의 유력 인사들 중에는 뛰어난 유머를 구사함으로써 자신의 풍부한 교양과 지성을 드러내는 사람들이 적지 않다. 물론 한마디 말로 대중의 마음을 사로잡기 위해서는 그만큼 폭넓은 상상력과 순간적인 기지가 필요하다. 그것은 책을 통해 단기간에 익힐 수 있는 능력이 아니다.

유대인은 아이가 어릴 때부터 부모와 함께 자유롭게 대화를 나누며 유머를 익히게 한다. 그럼으로써 자칫 굳어질 수 있는 아이의 마음을 풀어주어 집안 분위기도 부드러워진다. 또한 유머는 교실에서도 학생들의 긴장된 마음을 이완시키고 공부에 지친 머리에 여유를 준다. 뇌가 전환되면 집중이 훨씬 잘된다는 것을 그들은 매 순간 유머를 통해 확인한다.

끝없는 수다로 스트레스를 없애라

한국인의 스트레스는 세계 최고 수준이다. 그리고 그 스트레스는 이미 어릴 때부터 시작된다. 한국 부모는 자녀와 이야기할 때 언제나 자신이 할 말을 미리 준비해 둔 채 일방적으로 대화를 이끌어가는 경향이 있다. 아이에게 어김없이 교훈을 들려주려 하며, 어떤 소재로 대화를 시작했건 결론은 "공부 열심히 해라"로 끝난다. 눈치 채기 어렵겠지만 사실 이때부터 아이들은 이미 마음의 문을 닫기 시작한다. 부모와 자녀 간의 단절이 시작되는 것이다. 그 결과는 너무도 참담하다.

우리나라 학생들 25퍼센트 정도가 정신장애를 앓고 있고, 청소년 자살률은 세계 최고이며, 특히 명문대 학생들이 자살하는 경우가 더 많다. 사회에 나가서도 고질적인 스트레스가 뒤따르고 누구나 부러워하는 대기업 간부들이 스스로 목숨을 끊는 사건도 비일비재하다. 거의 모든 연령층에 걸쳐 스트레스를 앓고 있는 것이다.

초등학교 때부터 극심하게 경쟁해야 하는 우리 학생들은 그 스트레스를 혼자 고스란히 안고 성장한다. 늘 혼자서, 그것도 일방적으로 듣기만 하는 공부를 해야 하는 것도 스트레스인데, 성적에 따라 학생들을 한 줄로 세우기까지 한다. 스트레스는 나날이 커져만 가는데 그것을 풀 길은 거의 없다. 이것이 어른이 되도록 쌓이고 쌓여 오늘날 세계 최고 수준의 스트레스에 이른 것이다. 그렇다면 우리와 교육열 1, 2위를 다투는 유대인들은 어떨까?

우선 유대인의 범죄율은 세계에서 가장 낮다. UN 통계에 의하면 이스라엘 청소년들의 비행 범죄도 세계에서 가장 적은 것으로 나타났다. 또한 유대인 학생들은 한국 학생들처럼 공부 스트레스에 시달리는 경우가 거의 없다. 생활 습관 자체가 스트레스를 쌓아둘 수 없는 구조이기 때문이다.

어느 부모나 자녀가 스스로 자기 내면의 소리를 발견하도록 도와주고 싶어 한다. 그런데 이때 한 가지 명심해야 할 것이 있다. 아이도 어른처럼 잘못을 계속 지적당하면 이내 싫증을 느끼고, 나아가 분노를 품게 된다는 사실이다. 부모의 목표는 아이가 스스로 생각할 수 있도록 안내해 주는 것이지 결코 꾸짖는 것이 아니다. 훈계를 해야 할 상황에서는 아이의 행동을 대화의 중심에 놓고 그것이 어째서 잘못인지 스스로 깨우치도록 질문할 수 있어야 한다.

스트레스는 자연스럽게 통해야 할 것이 막힐 때 생겨난다. 즉 소통이 제대로 이루어지지 않을 때 스트레스가 생기는 것이다. 그럴 때는 수다를 떨어야 한다. 편견 없이 자기 이야기를 들어줄 수 있는 상대방과 대화를 나누다 보면 언제 없어졌는지도 모르게 스트레스가 풀리기 때문이다.

유대인은 집 안에서든 학교에서든 일상생활이 이루어지는 어디에서나 '대화'를 한다. 집에서는 부모와 형제와 자매들이, 학교에서는 선생님과 친구들이 대화 상대가 된다. 대화의 주제는 공부에 대한 것부터 시시콜콜한 개인사까지 다양하다. 개개인이 품고 있는 학구적인 주제뿐만 아니라 친구와의 갈등, 자기만의 고민 등 모든 것을 대화로 풀어나가기 때문에 스트레스가 쌓일 겨를이 없다.

물론 대화만으로 모든 스트레스가 사라지는 것은 아닐 것이다. 하지만 최소한 일상의 곳곳에서 대화와 논쟁을 벌이는 하브루타 전통이 있기에 유대인은 어릴 때부터 속내를 털어놓고 그것을 객관화할 수 있었다.

하브루타를 통해 부모와 자녀가 수시로 대화를 해나가는 유대인 가정에서는 자녀가 부모에게 하고 싶은 말을 모두 털어놓음으로써 마음에 앙금이 남지 않고 스트레스가 쌓이지 않는다. 스트레스가 쌓이지 않으면 육체도 마음도 건강하다. 특히 뇌가 다치지 않는다. 스트레스가 쌓이지 않으면 분노로 연결되지 않고 범죄를 범할 가능성이 줄어든다.

유대인의 일상생활은 끝없는 소통으로 이루어지며, 그 소통의 가장 이상적인 공간이 바로 가정이다. 가장 쉽고 가까운 소통 상대가 가족이기 때문이다. 가정에서 소통을 배우지 못하는 아이는 밖에서도 소통할 수 없다. 매일의 삶 속에서 부모와 자녀 간의 끝없는 대화야말로 행복의 비결이며 자녀의 뇌를 격동시키는 핵심이다.

소통에서 가장 기본이 되는 것은 정직과 진심이다. 그것이 바로 자녀의 가치관을 만든다. 부모가 정직한 행동을 하지 않으면서 정직하라고 하면 아이는 어떤 기준과 가치관을 가질 수 있겠는가? 그렇게 되면 아이는 이중 잣대를 갖게 된다. 부모가 가면을 쓰고 이야기하면 안 된다. 삶 자체를 이야기해야 한다.

유대인에게는 삶 자체가 거대한 학교이고, 그 학교의 교사는 바로 부모이다. 삶의 현장에서 대화 소재를 찾아 소통해야 한다. 세상을 살아가는 데 필요한 가장 기본적이고 기초적인 기준과 가치관에 대해 서로 이야기해야 한다. 삶 속에서 타인에 대한 예의를 그때그때 이야기해 주고 사람과의 소통이 원활하게 이루어지도록 이끈다면 자녀는 어디에서든 누구든 그렇게 소통할 것이다.

일상적인 삶의 대화가 충분히 되어야만 그 기반 위에 교훈을 주는 대화도 토론도 가능해진다. 가정에서의 대화는 진심을 전제로 한다. 마음에서 우러나는 말만이 자녀의 마음을 움직일 수 있다.

자녀와의 진정한 애착을 형성하는 방법도 이와 별다르지 않다. 아이를 정성껏 돌보고 아이의 요구에 잘 반응해 주면 되는데, 이것은 끝없는 대화를 통하지 않고는 불가능하다. 그러나 무엇보다 가장 큰 문제는 우리가 애착에 별 관심이 없으니 아이와의 대화든 수다든 쉽게 이루어지지 않는다는 점이다. 오직 한글, 영어, 숫자, 셈하기 등 아이의 인지적인 것에만 관심을 가진다. 하지만 어린아이들은 그런 인지적인 것보다 부모의 사랑에만 관심이 있다. 사랑은 상대방의 마음을 헤아려 그 마음이 원하는 바를 들어주는 것이다. 그런데 부모는 자녀를 사랑한다면서 자녀가 원하는 애착은 무시하고 자녀가 관심 없어 하는 공부만을 강요한다. 그것은 부모의 일방적인 사랑, 즉 스토커 사랑이다.

　부모가 아이에게 줄 수 있는 가장 소중한 선물은 아이에게 집중하는 시간과 긍정적인 관심이다. 정성 어린 관심을 받고 싶어 하는 아이의 강렬한 욕구를 만족시키면 아이의 내면에는 근본적인 안정감이 생긴다. 아이가 관심을 받지 못하면 관심을 받고자 부모에게 매달리느라 그 외의 다른 발달에는 소홀해진다. 아이의 독립심은 부모와 자녀 사이에 안정적으로 자리 잡은 애착, 즉 내적인 행복에서 비롯된다. 아이가 불안해하면서 부모와 떨어지지 않으려는 이유는 애착이 충분히 형성되어 있지 않기 때문이다.

　정신분석가들은 애착과 분리, 그리고 독립의 과정이 일생 동안 끊임없이 반복된다고 말한다. 우리가 우리 자신의 주인이 되려면 어쩔 수 없이 다른 사람을 떠나보내야 한다. 그런 분리는 애착이 충분하게 안정되어 있은 다음에야 가능하다. 안정된 애착을 가진 아이라면 성인으로 자라서도 자기 자신을 훌륭하게 보살피고 다른 사람들과의 관계를 원만히 이끌어갈 수 있으며 삶에서 성취감을 맛볼 수 있다. 그렇다고 아이가 원하는 대로 무조건 해주는 것만이 능사는 아니다. 아기일 때는 아이의 욕구에 반응해 줄 필요가 있지만, 어느 시기에 이르면 아이에게 해줘야 하는 것과 해줘서는 안 되는 것을 명확하게 구분해야 한다. 아이가 원하는 것과 아이에게 필요한 것은 다르기 때문이다.

시끄러워야
진짜 공부이다

시장통보다 더 시끄러운 유대인 교실

 '이상적인 공부 환경'을 떠올릴 때 우리는 절간처럼 조용하고 적막한 공간을 연상하곤 한다. 교실이나 도서관은 언제나 정숙해야 하는 곳이다. 선생님도 입만 열면 "조용히 해", "떠들지 마"라고 외친다. 그러나 유대인의 교육 현장은 그와 정반대이다.

 유대인 학교의 교실은 떠들썩하다. 유대인의 고등교육기관인 예시바 도서관은 시장보다 더 시끄럽다. 그곳의 책상 자체가 마주 앉아 하브루타를 하도록 놓여 있는 경우가 많다. 우리의 도서관은 칸막이로 나뉘어 있지만 히브리대 도서관도 학생들이 서로 마주 보도록 의자나 컴퓨터가 배치되어 있다.

특히 예시바는 어느 누구도 혼자서 공부할 수 없는 구조로 되어 있다. 이렇게 마주 보고 있는 의자들은 전체적으로 한곳을 향해 모아져 있다. 토론과 논쟁을 위한 자리 배치인 것이다. 그래서 예시바에서는 한국 학생들처럼 혼자 공부하지 않고 짝을 이루어 토론과 논쟁으로 공부한

::
예시바에서 둘씩 짝지어 책상을 사이에 두고 마주 앉아 토론하면서 익살스러운 표정을 짓고 있는 모습. 이런 하브루타는 인간관계를 돈독하게 하며 유대인 네트워크의 기본을 이룬다.

다. 학생들은 큰소리로 책을 읽고 서로에게 질문하고 답변한다. 작은 문제부터 진지한 주제, 심각한 쟁점에 이르기까지 그들은 계속 질문하고 대화하고 토론하고 논쟁한다. 이곳에서 그들은 책을 보는 것이 아니라 상대방의 이야기를 귀 기울여 듣고 그 논리와 사고에 집중한다. 그리고 그와는 다른 방향의 자기 논리를 펴고 자신의 생각과 의견을 이야기한다. 토론과 논쟁을 통해 소통하는 것이다.

의무교육을 처음으로 시작한 유대인은 오래전부터 세계 어디에서나 유대교를 공부할 수 있도록 고등교육기관인 예시바를 세웠다. '앉아 있다'는 뜻의 예시바(yeshiva)라는 이름은 모든 탈무드 주제들에 대해 '앉아서 연구한다'는 데에서 유래했다. 세계에 흩어져 사는 유대인은 이곳에서 자신들의 지혜서인 토라와 탈무드를 학습하면서 유대인의 가치를 연구하고 배운다.

예시바는 쉽게 생각해서 일종의 도서관인 셈인데, 아직까지 그 전통이 이어지고 있는 예시바 도서관을 찾아가 보면 진기한 풍경이 벌어진다. 우리처럼 한 사람씩 칸막이 안에 앉아 조용히 공부를 하는 것이 아니라 모든 사람들이 맞은편에 있는 학우와 열띤 토론을 벌이며 쌍방향 학습을 한다. 그들에게 책의 내용은 외워야 할 것들이 아니다. 그 방대한 탈무드를 외울 수도 없다. 누가 어떤 주장을 하고 누가 어떤 반박을 했는지에 대해 그들은 결코 암기하지 않는다. 다만 탈무드의 내용을 짚어가면서 서로 질문하고 대화하고 토론하고 논쟁할 뿐이다.

그들에게 모든 텍스트는 토론과 논쟁을 위한 매개체일 뿐 어딘가에 적어두고 외워야 하는 진리나 정답이 아니다. 그들은 탈무드 학자의 견해나 랍비의 논쟁에 대해 각자 자기 생각을 밝히고 토론을 하는 데 거침없다. 간혹 누군가의 주장이 강해지면 말소리가 높아지고 얼굴이 붉어진다. 마치 싸움을 하는 것처럼 큰소리와 삿대질이 오가기도 한다.

집에서도 마찬가지이다. 유대인은 부모나 형제자매와도 그렇게 공부한다. 학교에서는 친구와 짝을 이루어 논쟁하고, 회당에서는 동료나 동네 사람들과 토론한다. 언제 어디서나 누구를 만나든 서로 질문하고 토론하고 논쟁하면서 공부한다. 성인이 되어서도 회당이나 공동체에서 지속적으로 토론과 논쟁을 통해 공부하는 바탕에는 아이들에게 그들의 문화와 가치관을 전수하려는 강력한 의지도 자리하고 있다.

다른 사람의 마음을 이해하고 생각을 파악할 수 있는 방법이 무엇인가? 대화를 통해서만 서로를 깊이 있게 알 수 있다. 그렇다면 대화

이상으로 그 사람을 알게 하는 방법은 무엇일까? 자신의 생각과 견해를 주장하고 상대방과 논쟁해 가면서 서로에 대해서뿐 아니라 진리에 대해서도 더 깊은 이해를 얻을 수 있다. 내가 어떤 주장을 하면 다른 사람이 그 의견에 반박하고 이의를 제기하면서 결과적으로 두 사람 모두 좀더 깊은 통찰에 도달할 수 있는 것이다.

물론 우리의 관점으로 바라보면 이렇게 토론하고 논쟁하는 공부는 매우 비효율적이다. 한 시간 정도만 집중해서 외우면 될 내용을 다섯 시간, 열 시간, 혹은 하루 종일 계속 떠들게 되면 얼마나 시간 낭비인가? 하지만 교육은 어떤 사실을 알고 있는 게 중요한 것이 아니다. 많은 정보들을 머릿속에 넣고 있다고 뛰어난 학생은 아니다. 아무리 머릿속에 정보를 많이 저장해도 컴퓨터나 도서관을 따라갈 수는 없다. 중요한 것은 지식의 저장이 아니라 사고 방법, 즉 사고력과 상상력, 그리고 창조력이다.

반드시 짝을 지어라

에란 카츠의 『천재가 된 제롬』에는 이런 이야기가 나온다. "저는 늘 이 카페에서 공부를 해요. 예전에 저 구석에 있는 테이블에서 한 친구를 만난 뒤부터 일주일에 세 번씩 하브루타 방식으로 공부를 하고 있죠. 친구랑 카페에서 공부를 하면 꼭 노는 것처럼 즐거워요. 공부하는 내용이 머릿속에 쏙쏙 들어오죠. 그동안 작고 답답한 집에서 어떻게 공부를 했는지 모르겠어요."

커다란 강당에 2천여 명의 학생들이 이리저리 돌아다니면서 큰소리로 떠들어댄다. 어느 빨강 머리 남학생은 얼굴까지 벌겋게 달아올라 주먹을 꽉 쥐고 발을 동동 구르며 열변을 토한다. 마치 시장통처럼 소란스러운 이곳은 바로 토라와 탈무드를 공부하는 교육 현장이다. 에란 카츠의 『천재가 된 제롬』에서 주인공 제롬은 이스라엘의 예시바에서 이 해괴한 광경을 목격하고는 랍비에게 물었다.

"저 빨강 머리 학생은 왜 저렇게 화를 냅니까?"

"아, 요셉 말인가? 여기서 가장 우수한 학생일세. 많은 학생들이 요셉의 '하브루타〈『천재가 된 제롬』에서는 '헤브루타'로 번역됐다. 헤브루타는 하브루타와 같은 용어이지만, 하브루타가 일반적으로 더 많이 쓰인다〉'가 되길 바라지."

"하브루타라니 그게 뭐죠?"

그러자 랍비는 요셉과 그의 친구들을 가리키며 말한다.

"예시바에서는 서로 짝을 지어 공부를 한다네. 학생 한 사람 한 사람마다 정해진 짝과 함께 질문하고 토론하고 논쟁하면서 말일세. 어린 학생에게는 좀더 나이 든 학생과 짝을 지어주기도 하지만 대개는 각자 알아서 함께 공부할 짝을 찾는다네."

제롬은 '짝'에 주목하고 "언제나 둘이서만 공부해야 하나요? 셋 이상은 안 됩니까?"라고 묻는다. 그러자 랍비는 반드시 둘씩 짝을 지어야 한다고 말한다. 이 랍비가 말하는 하브루타 학습법은 대략 이런 방식으로 전개된다.

먼저 어떤 주제에 대해 한 학생이 자기 견해를 분명히 표현하면 다른 학생이 새로운 내용을 덧붙인다. 그러면 그 새로운 내용에 대해 반박하거나 수용하면서 토론과 논쟁을 통해 두 학생은 점점 주제에 깊이 접근할 뿐만 아니라 더욱 풍부한 사례를 얻게 된다. 서로 번갈아 교사와 학생 역할을 하는 것이다. 좋은 짝이란 보다 효율적으로 서로를 가르치고 배우는 관계를 뜻한다.

"둘이라야 해. 힐렐 때부터 시작된 전통이지. 그때는 예루살렘뿐만 아니라 농촌이나 들판 어디에서든 토라를 가르쳤는데 문제는 교사가 너무 부족하다는 것이었네. 그래서 학생들이 스스로 짝을 이루어 서로를 가르치도록 했지. 지금의 교육 방식은 바로 그때 생겨났다네. 요셉이 저렇게 고함지르고 흥분하는 것은 최상의 결론을 향해 가는 과정일 뿐이라네. 학생들은 최상의 결론에 도달하기 위해 언제나 논쟁을 벌이고 때론 서로를 무섭게 몰아붙이기도 하지. 그 과정에서 창의적인 생각이 나오기도 하면서 점점 깊이 있는 공부를 하게 된다네."

또한 그 랍비는 '교육'이라는 말의 어원을 '밖으로 끄집어내는 것'이라고 설명한다. 교사의 역할은 정답을 말해 주는 것이 아니라 학생이 스스로 생각하고 연구하여 결론에 다다를 수 있도록 질문을 던지는 것이다. 학생이 열심히 생각하여 마침내 도출하게 된 결론을 자기 머릿속에서 스스로 끄집어낸 결과물이라고 느끼면 교사는 학생의 머릿속에 학습 내용을 주입할 필요가 없어진다.

"하브루타는 바로 이런 것이라네. 학생들 하나하나가 상대방에게 중립적인 교사가 되어 최상의 아이디어를 끄집어내지."

이렇게 '2명씩 짝지어 파트너십으로 공부하는 것(study partnership)'이 하브루타의 핵심이다. 학생들이 스스로 짝지은 후 얼굴과 얼굴을 맞대고 앉아 서로 번갈아 가르치고 배우는 논쟁 방식의 수업인 것이다. 그런데 왜 2명이 짝의 기준인가? 둘이어야만 '말할 수 있는 기회'가 가장 많기 때문이다. 예를 들어 1시간 동안 토론할 경우 한 사람에게 주어지는 발언 기회는 4명이면 15분이고 3명이면 20분이다. 그러나 2명이 짝을 이루면 30분 동안 말할 수 있다. 말을 많이 한다는 것은 그만큼 생각을 많이 한다는 뜻이자, 말하지 않는 나머지 30분 동안 집중적으로 경청할 수 있다는 뜻이기도 하다.

하브루타 공부법의 특성상, 학생들은 수동적으로 배우기만 하는 자세에서 벗어나 적극적으로 상대방을 가르쳐야 하기 때문에 일종의 의무감과 책임감을 갖고 책을 읽거나 자료를 조사하는 등 강력한 동기를 스스로에게 부여한다. '공부의 힘'은 바로 이 과정에서 생겨난다. 그래서 하브루타를 통해 맺어진 두 학생은 서로에게 교사이자 학생으로서 평생지기가 되곤 한다.

하브루타라는 말은 히브리어로 '친구'를 뜻하는 '하베르'에서 유래한다. 유대인에게 친구는 '서로 효율적으로 가르치고 배우는 관계'를 의미한다. 그들에게 친구란 단지 '함께 노는 또래'의 범위를 넘어서서 '학생'과 '교사'라는 두 가지 의미를 동시에 지니는 것이다. 이렇듯 하브루타는 원래 '함께 토론하는 파트너'를 일컫는 말이었다. 그러다가 '짝을 지어 토론하는 교육 방법'으로 확대된 것이다.

하브루타는 언제 어디서든 가능하다. 손자와 할아버지가 이야기를 나눌 때도 하브루타가 되고, 랍비와 학생이 토론에 열중해도 하브루타가 된다. 잘 알려진 '탈무드 논쟁' 역시 하브루타의 전문화된 형태이지만, 하브루타는 그보다 폭넓은 개념으로 부모, 자녀, 친구, 동료, 선후배, 심지어 낯선 사람까지 누구나 짝을 이루어 질문하고 대화하고 토론하고 논쟁하는 것을 모두 포함한다.

∷
유대인 학교에서 학생들은 옆으로 나란히 앉거나 마주 보고, 자신의 하브루타 짝꿍과 함께 수업의 주제에 대해 찾아보며 진지하게 토론했다. 교실 안은 학생들의 하브루타 소리로 가득 찼다.

탈무드는 '스승에게 배우는 것보다 친구에게, 학생에게 배우는 것이 더 많다'고 말한다. 교사는 단지 수업을 준비하는 단계에서 이해되지 않는 부분에 대해 도움을 줄 뿐 수업이 시작되면(즉 토론과 논쟁이 시작되면) 거의 관여하지 않는다. 이 전통은 가말리엘의 힐렐 학교에서 시작된 교육 방법으로 이미 수천 년에 걸쳐 그 효력이 입증되어온 셈이다. 여러 번 언급했지만 오늘날 노벨 수상자의 30퍼센트, 아이비리그 대학생의 30퍼센트를 차지하고 있는 유대인만의 학습법, 그 뿌리가 바로 하브루타인 것이다.

물론 유대인의 성공에는 그들만의 종교적인 배경이나 고난의 역사,

네트워크를 이루어 서로 기부하며 도와주는 쩨다카 정신, 조기 경제교육 등 다양한 요인들이 있다. 하지만 그 모든 것의 핵심적인 근원에는 하브루타가 있다.

유대인에게 발휘된 하브루타의 힘은 실로 막강하다. 가족 간의 사랑과 유대 관계를 유지시켜 평생 행복감을 느끼게 해줄 뿐만 아니라 대화를 통해 스트레스를 풀어내어 일탈이나 범죄를 막아주고, 두뇌를 끝없이 자극하여 사고력을 지속적으로 키워준다. 또한 하브루타를 통해 멀리 아브라함 시대로부터 4천 년 동안 유대 신앙을 지켜왔으며, 오늘날 전 세계의 언론계 · 법조계 · 교육계 · 경제계 · 예술계 등 거의 모든 분야에서 두각을 나타낼 수 있었다.

IQ에서 둘째가라면 서러워할 한국인이 유대인에게서 하브루타 하나만이라도 제대로 배워서 실천한다면 그 결과는 놀라울 것이다. 그러나 하브루타를 체화하기 위해서는 반드시 선행돼야 할 것이 있다. 그것은 바로 지속성이다. 우리는 무엇이든 좋다고 하면 당장 실행에 옮기지만 작심삼일로 그치는 경우가 대부분이다. 유행 따라 관심도 시시때때로 바뀌어 꾸준히 실천하는 경우가 드물다. 하지만 하브루타는 하루이틀, 일이 년 만에 그 효과를 얻을 수 있는 것이 결코 아니다. 하브루타의 원리는 간단하기 그지없지만 그것의 성공 여부는 지속성에 달려 있다.

유대인에게 하브루타는 태어나서 죽을 때까지 몸에 지녀야 할 평생의 습관이다. 엄마 뱃속에서 태교부터 하브루타로 시작하여 평생 가정, 학교, 회당, 사회에서 하브루타를 지속한다. 자녀가 결혼하여 분가하더라도 안식일에는 가족과 친척들이 전부 모여 하브루타로 하나가 된다. 유대인이 수천 년 동안 자기 정체성을 유지하면서 성공적인 민족으로 살아남을 수 있었던 비밀은 '지속적인 하브루타' 덕분이다.

1＋1＝∞, 짝을 지으면 공부 효과가 극대화된다

하브루타 공부법은 왜 유대인 전통의 핵심이 되었을까? 전통적으로 유대인은 언제나 다른 사람들이나 교사들, 학생들과 함께하는 공부를 가치 있는 것으로 여겨왔다. 공부를 종교적인 의무로 생각하기 때문이다. 최근의 역사적인 연구는 짝을 지어 공부하는 하브루타가 지금까지의 학습 방법 중 가장 탁월하다고 인정한다. 유대인의 뇌를 계발하고, 지성을 갈고닦으며, 지혜를 높이는 데는 이보다 탁월한 방법이 없다는 것이다.

이렇게 그룹을 지어 공부하는, 특히 짝을 지어 공부하는 방법은 탈무드의 형성 과정에서 탄생했다. 탈무드에는 짝과 함께 학습하는 것을 높이 평가하여 "두 명의 학자는 서로를 날카롭게 한다"고 기록되어 있다. 두 명의 학자는 토론과 논쟁을 통해 서로 다른 통찰력을 발휘하도록 돕는다.

탈무드는 처음에 어떻게 형성되기 시작했을까? 각 지역에 있는 유대인 공동체는 저마다 랍비를 중심으로 자신들의 환경에 맞도록 율법을 해석하고 적용했다. 그래서 토론과 논쟁이 그칠 새가 없었고, 그 과정을 고스란히 기록해 놓은 것이 바로 탈무드이다. 율법에 대한 수많은 랍비들의 무수한 토론과 논쟁을 집대성한 탈무드는 이후 유대인의 삶에 가장 큰 힘으로 작용해 왔다.

그런데 흥미로운 점은 토론과 논쟁은 있되 정답이라고 할 만한 결론이 없다는 것이다. 그들이 토론하고 논쟁하는 목적을 한 가지 결론에 도달하는 데 두지 않았기 때문이다. 어떤 문제에 대해 소수의 의견과 다수의 의견이 있을지라도 이것은 틀리고 저것은 맞다고 선을 긋지 않는다. 이런 지적인 탄력성은 다양한 환경 속에서도 유대인이 유대인으로서의 동질성을 잃지 않고 살아남을 수 있었던 비결이기도 하다.

혼자 공부하는 법이 없는 유대인 특유의 논쟁식 학습법인 하브루타가 학교에서 실제로 어떻게 응용되는지 구체적으로 살펴보자.

마빈 토케이어는 유대인 학교의 하브루타에 대해 "모든 과정에서 랍비들은 뭔가를 가르치려들지 않는다. 질문과 토론으로 방향을 잡아 줄 뿐이다. 랍비들은 더 날카로운 질문을 하기 위해 지식을 가르치는 수업보다 더 많은 준비를 한다. 학생들도 마찬가지이다. 기본적인 지식은 가정에서 배운다. 학교에서는 질문과 토론으로 더욱 수준 높은 지식과 지혜를 배우는 것이다"라고 말했다.

좀더 구체적인 이야기는 마빈 토케이어의 손자인 요니 로젠버그에게서 들을 수 있다. 마빈 토케이어가 2010년 한국에 방문했을 때 그도 함께 학술 대회에 참가했는데, 10대인데도 질문이 자신에게 향하자 500명의 외국 전문가들 앞에서 자기 의견을 거침없이 말했다.

"나는 아침 8시에 학교 연구실에 간다. 선생님이 제공하는

::
어른들의 학술 대회에서 조금도 주눅 들지 않고 당당하게 답변하는 10대 청소년, 요니 로젠버그.

자료를 학생들끼리 공부하고 분석하고 배워나간다. 할아버지께서 설명해 주신 '협력 학습 방식'을 활용하여 친구와 함께 질문하고 토론하면서 이해하려고 노력하는 것이다. 그러면 3시간 후에 선생님이 우리끼리 학습했던 모든 내용을 설명해 준다. 선생님의 강의는 1시간에서 1시간 30분 정도 진행된다. 그리고 나서 2시간 동안 학생들은 또다시 어떤 부분을 제대로 이해했고 어떤 부분에서 실수했으며 앞으로 어떻게 해야 하는지 토론하면서 선생님의 강의를 복습한다. 선생님의 강의가 우리끼리 이해한 것과 얼마나 다른지에 대해서도 철저하게 점검한다. 전체 수업 시간인 6시간 중에 학생들끼리 공부하는 시간이 5시간이고 선생님이 진행하는 시간은 1시간이다."

여기에서 마빈 토케이어와 그의 손자 요니 로젠버그가 설명하는 협력 학습 방식(partnership learning method)이란 파트너와 짝지어 공부하는 하브루타를 의미한다. 유대인 학교에서 랍비나 선생님이 주도해서 설명하고 강의하는 시간은 전체 교육 시간의 20퍼센트도 되지 않고 나머

지 시간은 학생들끼리 하브루타를 통해 공부한다는 것을 알 수 있다. 사실 선생님이 주도하는 시간도 일방적인 강의가 아니라 학생들에게 질문을 던지고, 생각하게 하고, 답변하게 하는 토론 형식의 수업이다.

이처럼 유대인 학교에서는 주로 두 종류의 토론이 이루어진다. 하나는 학생들과 교사의 토론이고, 다른 하나는 학생들끼리의 토론이다. 교사가 공부 주제나 내용에 대해 질문하면 학생들은 적극적으로 손을 든다. 교사가 지목을 하면 답변을 하거나 질문을 한다. 학생의 답변을 들은 교사는 그렇다면 이 문제는 어떻게 생각하느냐고 다시 질문한다. 그 학생이 답변을 못 하면 교사는 다른 학생에게 똑같은 질문을 되풀이하고 그의 대답을 들으면 또 다른 질문을 던진다. 이렇게 끝없는 질문과 답변으로 이어지는 토론이 계속되면서 한 주제에 대해 생각할 수 있는 모든 가능성을 제기하여 수없이 검토하고 반박하고 평가한다.

교사의 질문과 학생들의 답변으로 이어지는 토론이 어느 정도 마무리되면 학생들은 자기들끼리 두셋씩 짝을 지어 토론을 벌인다. 둘이 기본이고, 특별한 경우에는 그 이상이 토론하기도 한다. 학생들은 지금까지 교사와 함께 질문하면서 토론한 것을 더욱 집중적으로 논쟁한다. 학생들 사이에도 질문하고 대답하고 반박하고 질문하고 설명하고 다시 반박하는 논쟁이 무수히 격렬하게 벌어진다.

이러한 토론 수업이 가능한 이유는 학생들이 수업 시간에 공부할 내용을 미리 집에서 충분히 공부해 오기 때문이다. 유대인 학생들은 대부분 집에서 먼저 공부할 내용을 숙지하고 그것을 바탕으로 교실에서 서로 질문하고 대답하고 토론하면서 자신이 미처 생각하지 못했던 부분에 대해 더 알게 되고, 자기 의견을 정교하게 다듬으며 한 주제에 대해 다양한 시각으로 접근하는 방법을 익혀간다.

토론하고 논쟁하는 수업은 학생들로 하여금 끊임없이 생각할 수밖에 없게 만든다. 유대인 학생들도 경쟁을 하긴 한다. 단지 그들은 더 좋은 질문을 하기 위한 경쟁을 한다. 그래서 그들은 최선의 질문을 만들기 위해 노력한다. 그렇게 준비한 날카로운 질문과 의견과 반박을 공유하면서 자기 사고를 갈고닦는다. 집에서 철저하게 공부를 해오지 않으면 적극적으로 토론이나 논쟁에 끼어들 수가 없다. 더구나 둘씩 짝지어 토론할 경우, 미리 준비하지 않으면 토론 자체가 이루어지지 않으므로 짝에게 폐를 끼치지 않기 위해서라도 수업 준비에 철저해질 수밖에 없는 것이다. 이렇게 자기주도학습이 저절로 이루어진다.

물론 이런 방식의 수업에는 우리가 중시하는 영어, 수학, 과학 등도 포함되어 있다. 다만 유대인은 그런 과목들보다 더 중요하게 생각하는 교육이 따로 있다. 그들은 50퍼센트 정도를 토라와 탈무드 교육에 할애한 다음 나머지 50퍼센트만 수학, 과학, 예술, 영어 등 여러 일반 과목들에 투자한다. 주로 토라와 탈무드는 오전에, 나머지 일반 과목들은 오후에 공부한다.

이스라엘은 학교에서 공식적으로 성서를 가르치는 세계 유일의 국가이다. 그들은 일주일에 4~10시간 동안 성서를 공부하고, 또 성서와 관련된 것들을 배운다. 그것은 이스라엘뿐만 아니라 세계 도처에 세워진 유대인 학교에서도 마찬가지이다.

　미국에는 유대인 거주지를 중심으로 수많은 유대인 학교가 있다. 이 학교들은 종교적·문화적 색채에 따라 다양한 형태를 보이지만 대화와 토론과 논쟁이라는 교육 방법에서만큼은 공통적인 특징을 보인다. 즉 모든 주제에 대해 질문을 던지면서 사물을 액면 그대로 받아들이지 말고 늘 호기심을 품고 대하라고 가르치는 것이다. 사람은 질문을 받으면 당연히 생각을 할 수밖에 없다. 호기심이 생겨야 알고자 하는 욕구도 생기는 법이다. 이로써 학생들은 스스로 세상을 탐구하려는 내적 동기를 갖게 된다.

　2011년 2월, 내가 미국 로스앤젤레스에 있는 유대인 학교 몇 곳을 둘러봤을 때도 20여 명의 남학생들이 선생님과 함께 책상 위에 탈무드와 노트북을 올려놓은 채 공부하고 있었다. 빔 프로젝터를 이용해 선생님이 자료 화면을 보여주며 수업을 진행했는데, 당시 수업 내용은

 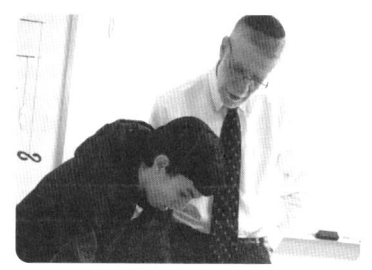

유대인 학교에서 선생님은 설명과 질문, 그리고 토론을 매우 열정적으로 병행한다. 선생님의 설명과 질문 이후 학생들끼리 짝지어 토론하다가 질문이 생긴 사람은 거리낌 없이 선생님을 찾아와 하브루타를 시도한다.

수천 년 전의 이야기로 지금은 전혀 소용없어 보였지만 교사도 학생들도 아주 진지했다. 시간이 흐르자 어느 정도 설명과 질문 형태로 진행되던 수업이 갑자기, 하지만 자연스럽게 둘씩 짝짓는 하브루타로 바뀌었다. 학생들은 익숙하게 자기 짝과 함께 열심히 토론과 논쟁을 시작했다. 책상을 사이에 두고 마주 보는 학생들도 있었고 옆으로 나란히 앉은 학생들도 있었다. 열 무리 정도가 마구 소리 내는 바람에 얼핏 교실은 소란스러운 난장판 같아졌다. 그러나 잠시 후 선생님이 신호를 보내자 다시 설명과 질문 형태로 수업이 바뀌었고, 이 과정은 수업 시간 내내 반복됐다.

또 다른 유대인 학교도 방문했다. 여학교였는데 그 학교에서는 축제가 한창이라 얼굴에 우스꽝스러운 분장을 한 학생들이 어설프게 옷을 차려입고서 이리저리 뛰어다니며 즐거워하고 있었다. 사춘기 여학생들이라 수줍어할 법도 한데 낯선 이방인들에 대해 전혀 거리낌이 없었다. 스스럼없이 팔짱을 끼고 활짝 웃으면서 대화를 나누고 뭔가 궁금하면 곧바로 묻기도 했다. 우리가 유대인 하면 떠올리는 어둠침침한 구석은 어디에서도 찾아볼 수 없었다.

우리는 여학생 몇 명과 함께 대화 시간을 가졌다. 우리가 아무리 날카로운 질문을 해도 그들은 확고한 신념을 갖고 자기 견해를 떳떳하게 밝혔다. 질문들 중에는 "현대 다른 여성들처럼 즐기면서 사는 것이 좋지 않으냐? 왜 유대인과 결혼해서 많은 자식들을 낳고 힘겹게 살려고 하느냐?"와 같은 곤란한 질문도 있었다. 하지만 그들은 "그것이 신의 명령이기 때문에 우리는 그렇게 사는 것이다. 안식일에 가족들이 모여 함께 식사하는 것이 이 세상에서 가장 행복한 일이다"라고 대답했다. 그래서 "그런 대답을 하도록 선생님이 시켰느냐?"고 되묻자 그들은 오히려 이상하다는 눈으로 우리를 쳐다봤다. 나는 한국 여학생들에게 같은 질문을 하면 어떻게 대답할까 생각하면서 그 학교를 나왔다.

유대인 학생들에게는 외워야 할 교과서가 없다

머릿속에 저장된 지식은 '물고기'이고, 사고 방법은 '물고기 잡는 법'이다. 우리가 아이들에게 열심히 물고기를 잡아서 떠안겨줄 때 유대인은 물고기 잡는 법을 가르쳐서 스스로 물고기를 잡게 하고 있다. 그래서 우리 부모들은 평생 물고기를 잡아주느라 지치고, 자녀들은 스스로 일어설 수 있는 힘마저 잃어버린다. 질문과 토론, 논쟁을 통한 공부, 비판적인 사고를 통해 얻어지는 창의적인 발견, 이것이 유대인 교육의 본질이요, 유대인의 저력을 가져온 핵심이다.

내용에 대한 습득 능력은 세계에서 우리나라가 최고일 것이다. 우리에게 공부란 텍스트의 내용을 암기하고 이해하는 것을 의미한다. 우리 조상들은 텍스트를 통째로 외우면서 그 속에서 진리를 찾았다. 이런 전통은 지금의 수능에서, 장학퀴즈에서, 골든벨에서 얼마든지 확인할 수 있다. 우리의 모든 평가는 얼마나 많은 내용을 알고 있으며 정답을 외우고 있는가에 의해 이루어진다. 설령 토론 수업을 하더라도 학생들에게 알려줘야 할 학습 내용이 반드시 존재하고, 단지 그 내용을 학생들이 알도록 하는 방법의 하나로 토론을 빌려왔을 뿐이다.

하지만 유대인에게 내용의 습득은 중요하지 않다. 탈무드에 나오는 주장, 반박, 논쟁들의 내용을 알고 외우는 것이 아니다. 텍스트는 공부의 매개이지 목적이 아니다. 어떤 텍스트도 절대적이지 않다. 유명한 유대인 대학자 아키바의 주장이든, 힐렐의 생각이든 그들에게는 암기해야 할 대상이 아니라 토론과 논쟁의 대상이다.

유대인에게는 이런 격언이 있다.

"만일 천사가 나타나 토라의 모든 것을 가르쳐준다고 해도 나는 거절하겠다. 배우는 과정은 결과보다 훨씬 더 중요하기 때문이다."

이런 천사가 있다면 우리는 당장 전부 가르쳐달라고 할 것이다. 그러나 유대인은 단호히 거절한다. 배움의 결과로서 정답이 아니라 자기 답을 찾아가는 배움의 과정을 즐기려 하기 때문이다.

하브루타는 상호 소통을 통한 지식의 전달을 추구한다. 지식과 지혜는 텍스트 속에 내용으로 존재하는 것이 아니라 진리와 진실을 향한 탐구와 소통 속에 존재하고 발전해 가는 것이다. 즉 진리와 진실을 추구하기 위한 대화와 토론이 공부의 중심이다. 어떤 책이나 텍스트의 내용도 그것을 위한 도구일 뿐이다.

한국 학생들에게 교과서는 이해하고 외워야 할 대상이다. 그리고 그 내용이 이해가 안 되거나 모를 때는 질문하지만, 그 내용에 이의를 제기하고 반박하기 위해서는 질문하지 않는다. 우리는 질문은 잘 몰라서, 이해가 안 되어서 하는 것이라고 생각한다. 하지만 유대인의 질문은 그 내용 자체에 이의를 제기하고 반박하는 것이 대부분이다. 토론과 논쟁을 한다는 것은 내용 자체에 대해 우선 이의를 제기해야 가능해진다. 텍스트의 내용에 대해 그와는 다른 나만의 주장을 펼쳐야 논쟁의 씨앗이 비로소 마련된다. 어떻게 이해할 것인가만을 놓고 대화하면 그것은 가르치고 배우는 것이지 토론하고 논쟁하는 것이 아니다. 그것은 하브루타가 아닌 것이다.

예시바에서는 공부하다가 따분해지면 일어서라고 가르친다. 같은 내용이라도 일어선 상태에서 손짓과 발짓을 섞어가며 격렬하게 논쟁하면 학습에 더욱 효과적이기 때문이다. 친구와 계속 질문하고 대답하면서 대화와 토론을 통해 즉각적인 피드백을 주고받으면 아무리 재미없는 과목일지라도 관심이 생기기 마련이며 집중력을 갖고 문제를 해결하려는 능력이 길러질 수밖에 없다.

에란 카츠는 『천재가 된 제롬』에서 예시바 학습법의 특징을 세 가지로 정리했다.

> 첫째, 친구와 함께 공부하기. 친구와 토론하고 논쟁하면서 공부하면 뇌를 움직이게 하여 스스로 공부하게 만든다.
> 둘째, 소리를 내어 공부하기. 소리를 내어 공부하면 양쪽 뇌를 자극하고 기억력, 집중력, 흡수력이 더 좋아진다.

셋째, 기쁜 마음으로 움직이면서 공부하기. 기분이 좋지 않을 때는 활력과 기쁨에 찬 상태로 몸을 움직이기 어렵다. 신체의 변화는 곧 정신의 변화로 이어진다. 몸의 상태가 좋지 않으면 에너지도 부족하고 사고력도 떨어진다. 반대로 기분이 좋으면 조금은 붕 떠 있는 상태가 되고 사고력에도 긍정적인 영향을 미치게 된다.

앞에서도 살펴봤듯이 유대인에게 교실이나 도서관은 조용히 앉아서 공부하는 곳이 아니다. 교실이든 도서관이든 짝지어 논쟁하면서 떠드는 곳이다. 예시바에서는 토론을 하다가 싸움으로 이어지는 경우가 간혹 있다. 하지만 이런 경우는 단지 상대방과 견해가 달라서이지 그를 비난하거나 그의 의견을 무시하는 것이 아니다. 논쟁이란 이기고 지는 게임이 아니라 흥미로운 주제들을 함께 나누고 해결해 가는 과정이다.

토론하고 논쟁하는 동안, 유대인은 상대방의 의견을 경청하고 자기 의견을 이해시키기 위해 노력할 뿐만 아니라 서로의 견해가 어떻게 다른지, 서로의 합의를 이끌어낼 수 있는지 끊임없이 대화하는 과정을 가장 중요하게 여긴다. 그러는 중에 자연스레 상대방의 의견을 존중하는 태도를 배우고, 좀처럼 결론이 나지 않거나 도무지 해결하기 어려운 문제에 대해서는 랍비나 교사의 도움을 받아 해결하기도 한다. 우리는 설득하고 이기기 위해 논쟁하지만, 유대인은 스스로 성숙하고 발전하기 위해 논쟁한다.

하브루타는 공부와 대화를 위한 것이므로 이해 당사자 간의 이기고 지는 언쟁과는 다르다. 따라서 하브루타의 토론과 논쟁에서는 승패 자체가 있을 수 없다. 하브루타는 경쟁이 아니라 협력이기 때문이다. 아이들은 짝을 지어 토론을 통해 공부하면서 나오는 다른 여러 관점, 시각, 견해, 생각들을 접하게 된다. 다양한 의견에 대한 가치를 존중하게 되고, 더불어 자신도 어떤 주제나 사건을 좀더 다채롭게 바라볼 수 있는 시각과 안목이 생기게 된다.

하브루타 자체가 경쟁을 부추기지는 않지만 원래 토론이나 논쟁이 이기고 싶게 만드는 법이다. 그래서 아이들은 이기기 위해 책도 찾아보고 어른에게 묻기도 하면서 스스로 공부한다. 자신이 공부하지 않으면 이기지 못하고, 자기 짝인 친구도 공부하지 못하게 한다. 강요가 아니라 자연스러운 동기부여로 이만한 게 어디 있을까?

그래서 토론과 논쟁을 통해 공부하면 학교 수업에 소극적이거나 아예 참여하지 않는 아이들이 거의 없어진다. 유대인은 내성적이어서 말수가 적은 성격을 별로 바람직한 것으로 보지 않는다. 다른 사람이 나를 어떻게 볼까 하는 부끄러움이나 수치심 같은 것도 없다. 다양성 안에서 사람은 누구나 생각이 다를 수 있다는 개성과 창의성을 존중해 주는 그들의 교육관은 언제나 다른 의견을 구하고 경청하도록 이끈다. 그런 상호작용을 통해 다양한 관점과 시각을 배우게 된다.

나와는 다른 생각을 서로 공유하게 되면 나는 한 가지 생각만 해도 학생이 20명이면 20가지 생각들을 공유할 수 있다. 유대인은 항상 남과 다른 생각을 하도록 격려하기 때문에 늘 새로운 생각을 시도하게 되고 대화와 토론을 통해 그것을 나눈다. 그 시너지 효과는 상상을 초월한다.

또한 유대인도 학교 정규 수업 이외에 '방과 후 학교(After school)'나 '데이 스쿨(Day school)'을 진행한다. 단지 국어, 영어, 수학, 과학 같은 주요 교과목이나 미술, 음악, 발레 같은 예체능을 가르치는 한국과 달리 유대인은 유대인의 역사, 문화, 철학, 언어(히브리어), 공동체 정신인 쩨다카 같은 것을 가르친다. 보통 'ㄷ'자나 둥근 형태로 탁자를 배치하여 역시 대화하고 토론하고 논쟁하도록 하는데, 이렇게 수업을 진행하면 노는 아이나 조는 아이가 있을 수 없다. 유대교를 믿는 아이만 이 수업들에 올 수 있는 것은 아니다. 문화적인 정체성을 공유하려는 수많은 유대인들이 이곳에서 유대인의 가치를 배운다.

이스라엘을 비롯하여 세계의 거의 모든 유대인 학교에서 강조되고 있는 하브루타 수업은 영재교육기관에서 훨씬 더 장려된다. 과학과 예술의 통합 영재교육기관인 Hemda 센터에서도 자유로운 토론과 논쟁 중심의 하브루타 교육이 실시된다. 교사들도 주당 강의 20시간, 개발 토론 20시간으로 수업 부담감이 매우 큰 편이다. 여기서 '개발 토론'이란 학생들의 하브루타 시간을 지켜봐주면서 지도하는 시간이다.

하브루타는 교육 현장에서만 이루어지지는 않는다. 이것은 유대인의 전통이 되어 그들의 생활 습관으로 스며들었다. 아이들의 사소한 다툼을 중재하는 데도 하브루타를 이용한다. 친구가 됐건 누가 됐건 유대인은 어떤 싸움이든 양 당사자로 하여금 자기 의사를 충분히 표현할 기회를 준다. 부모나 교사가 재판관 입장이 되어 피고인들의 논쟁을 들어보고 누가 잘못했는지 질문과 대화를 통해 깨닫게 한다. 일단 부모나 교사의 심판이 내려지면 더 이상의 언쟁이나 싸움은 허용되지 않는다.

하브루타로 평생의 친구를 얻어라

하브루타는 학생이 학생을 가르치는 논쟁식 학습 방법이다. 누군가를 가르치는 것만큼 효율적인 공부 방법은 없다. 배울 때의 자세보다 가르칠 때의 자세가 더욱 능동적일 수밖에 없으므로 남을 가르치기 위해 자신이 공부한 것을 훨씬 체계적이고 논리적으로 정리하게 된다. 게다가 설명 과정에서 상대방의 날카로운 질문을 받으므로 그것에 대해 방어하고 다시 질문하면서 지식의 체계는 더욱 공고해진다.

그러나 짝을 지어 대화하고 토론하고 논쟁하는 하브루타의 결과물 중에서 가장 소중한 것은 바로 친구일 것이다. 하브루타의 핵심은 '관계'에 있다. 하브루타의 짝들은 특정 주제에 대해 각자의 판단과 평가를 공유하면서 '변하지 않는 관계'를 다져 나간다. 그렇게 대화, 토론, 논쟁을 거듭하는 동안 그들은 혼자서는 결코 얻기 힘든 것들을 얻게 된다. 이것이 바로 일반적인 교육과 하브루타 교육의 가장 큰 차이일 것이다.

누구나 혼자 공부할 때는 어떤 주제에 대해 잘 알고 있다고 착각하기 쉽다. 자기 지식에 대해 객관적으로 검증할 시간을 갖지 못하기 때문이다. 그러나 공부 주제에 대해 다른 학생과 토론해 보면 자신의 지적 현주소를 정확히 파악할 수 있다. 자신이 모르는 것을 설명할 수는 없기 때문이다. 특히 역사, 철학, 심리학 같은 영역은 하브루타 학습을 통해 많은 것들을 얻을 수 있다. 이런 과정을 거치다 보면 사고의 지평이 넓어지고 이전과는 다른 시각과 방식으로 생각할 수 있게 된다. 과연 혼자 힘으로 이 모든 것을 이룰 수 있을까? 하브루타를 통해 서로가 진정한 파트너의 관계를 확립하기까지는 결코 쉬운 일이 아니다. 실용적인 효율성은 차치하더라도 애써 공부한 주제에 대해 핵심적인 신념을 공유할 수 있는 누군가를 만난다는 것이 얼마나 중요한 일인가.

하브루타로 만난 평생의 짝은 정기적인 만남을 지속적으로 가지면서 둘이 함께 대화하고 서로의 지적인 경험을 공유하는 공부 파트너다. 하브루타는 공부에 지치지 않도록 끝없이 동기를 부여해 준다. 자신이 신뢰하는 파트너와 어려운 문제를 함께 나누고 그 해결 과정에 동참하여 같이 극복해 가며 공부를 지속할 수 있도록 해주는 시스템이기 때문이다. 그래서 학교에서든 회당에서든 하브루타로 맺어진 친구 사이는 사회에 나가서도, 아니 길게는 죽을 때까지도 지속된다. 이처럼 하브루타는 평생의 친구를 얻게 해준다. 누구에게나 평생지기가 있다는 것은 얼마나 행복한 일인가. 그것도 평생에 걸쳐 날마다 만나는 벗을 갖는다는 것은 지고의 행복이다.

예시바는 유대인의 지역사회에서 도서관 역할을 하는 곳으로, 그곳에서는 다양한 연령대가 참여하여 하브루타를 실행한다. 머리 희끗희끗한 할아버지가 손자뻘 되는 파트너와 열심히 소통하는 모습을 많이 볼 수 있다. 이처럼 나이를 극복한 상호 소통을 통해 그들은 단순히 학습 기술을 익히는 것이 아니라 진정한 의미의 학문을 접한다.

물론 하브루타의 파트너가 단 한 사람으로 고정된 것은 아니다. 자리를 옮겨가며 짝을 지어 토론하기 때문에 하브루타의 파트너가 자주 바뀌기도 한다. 그런 덕분인지 유대인은 처음 만난 상대방과도 자연스럽게 하브루타가 가능하다. 그들은 항상 그렇게 해왔기 때문이다. 얼굴을 붉히고 삿대질을 하면서 논쟁을 하다가도 그 논쟁이 끝나면 언제 그랬냐는 듯이 서로 어깨동무를 하는 것이 바로 하브루타 문화이다.

또한 유대인은 날마다 하루 두 번 회당에 가서 세 번의 기도회를 하기 때문에 회당을 통해서도 하브루타 친구를 매일 만날 수 있다. 이것이 유대인 네트워크의 기본이다. 유대인들끼리의 관계가 어떤 민족보다 돈독한 것은 이런 그들의 네트워크가 무서운 힘을 발휘하기 때문이다.

H·A·V·R·U·T·A

하브루타로
다르게, 새롭게 생각하라

정답은 없다. 셜록 홈즈처럼 생각하라! · · ·

아론 패리(Aaron Parry)의 『탈무드(The Talmud)』에는 코넌 도일의 명탐정 셜록 홈즈 뺨치는 추리력을 발휘하는 유대인 학자 이야기가 나온다. 우크라이나 남부의 오데사에 사는 그 유대인 학자는 모스크바행 기차 안에서 옆자리의 낯선 젊은이를 보고서 그가 누구인지 이름까지 맞힌다. 아무것도 묻지 않고 단지 한 번 봤을 뿐인데도! 그 결론에 이르는 사고 과정이 길긴 하지만 아주 흥미롭다.

이 친구, 촌사람처럼 보이진 않는군. 그렇다면 아마도 이 지역 출신일 거야. 그렇다면 틀림없이 유대인이겠군. 왜냐하면 이 지역은 유대인 구역이

거든. 그럼 이 친구는 어디로 가는 것일까? 모스크바에 갈 수 있도록 허가받은 사람은 이 지역에서 나 혼자뿐인데……. 아니, 잠깐만, 모스크바 외곽에 삼벳이라는 작은 도시가 있지. 그리고 그곳에 가려면 특별히 허가를 받아야 하는 것도 아니잖아. 그럼 거기에는 왜 가는 것일까? 아마 거기에 살고 있는 가족들을 방문하러 가는 길일 거야. 그 도시에는 딱 두 가족만 살아. 번스타인 가족과 스타인버그 가족이지. 번스타인 가족은 서로 찾는 분위기는 아니야. 그럼 이 젊은이는 틀림없이 스타인버그 가족을 찾아가고 있구면. 그런데 왜 가는 거지? 스타인버그 가족에게는 딸들만 있어. 그러니까 아마 그는 사위이겠지. 그렇다면 몇 번째 딸 사위일까? 사라는 부다페스트 출신의 괜찮은 변호사와 결혼했고, 에스더는 자도미르 출신의 사업가와 결혼했어. 아마도 사라의 남편이겠군. 그렇다면 이름은 알렉산더 코헨이겠네. 그의 고향인 부다페스트는 반유대주의가 팽배해 있으니까 아마 이름을 바꿨을 거야. 헝가리 말로 코헨이 뭐지? 그래, 코박스야.

아주 희미한 흔적과 사소한 단서만을 가지고 상대방에 대해 척척 알아맞히는 그 뛰어난 추리력이 위 이야기의 유대인 학자와 셜록 홈즈가 꼭 닮았다. 사실 코넌 도일이나 애거서 크리스티 같은 세계적인 추리작가들이 창조한 전통적인 명탐정들에게는 공통점이 있다. 그것은 '탈무드식 사고'를 한다는 점이다. 그들의 추리 과정을 들여다보면 머릿속에서 '제2의 나'와 끝없이 대화를 나누며 증명과 반박을 되풀이한다는 사실을 알 수 있다. 즉 하브루타를 하고 있는 것이다. 결국 명탐정이란 '스스로 논쟁하는 사람'인 셈이다.

  탈무드식 사고에서 가장 눈여겨봐야 할 점은 결코 성급하게 결론을 내리지 않는다는 것이다. 이미 알고 있는 사실(최초의 단서)을 다시 뒤집어 보고, 그렇게 해서 알게 된 다른 사실을 또 한 번 번복하고 검증하며 조금씩 진실에 다가간다. 이 과정을 지탱하는 하나의 원칙은 바로 '정답은 없다'는 것이다. 자신이 알고 있는 답을 확고부동한 정답으로 여기지 않고, 무수히 의심하고 그 과정에서 새로이 알게 된 사실을 받아들이는 자세가 바로 탈무드식 사고의 핵심이다.

  아론 패리의 『탈무드』에 등장하는 또 다른 이야기를 보면 '정답은 없다'는 말이 무엇을 뜻하는지 더욱 확실히 알 수 있다.

  하버드대에서 소크라테스 문답법으로 박사학위까지 받은 젊은이가 탈무드를 공부하겠다고 유명한 랍비를 찾아왔다. 랍비는 제자로 받아들이기 전에 먼저 그의 논리력을 시험한다. 랍비의 문제는 간단하다.

> 도둑 두 사람이 굴뚝을 통해 어느 집에 침입했다네. 그런데 한 도둑의 얼굴은 깨끗한데 다른 도둑의 얼굴은 더러웠지. 둘 중 누가 얼굴을 씻었겠는가?

  이 문제에 사람들은 대부분 '얼굴이 더러운 도둑'이라고 대답하기 쉽다. 젊은이 역시 그렇게 대답했다. 하지만 당연히 정답처럼 보이는 그 대답에 대해 랍비는 틀렸다고 말한다.

얼굴이 깨끗한 도둑이 씻으러 갔네. 간단한 논리이지. 자, 얼굴이 더러워진 도둑은 얼굴이 깨끗한 도둑을 보고서 자기 얼굴도 깨끗할 거라고 생각했겠지. 반대로 얼굴이 깨끗한 도둑은 얼굴이 더러운 도둑을 보고서 자기 얼굴도 더러울 거라고 생각하겠고. 그러니 얼굴이 깨끗한 도둑이 씻으러 갔을 거라네.

젊은이는 랍비에게 다시 한 번 시험의 기회를 부탁한다. 그런데 랍비는 처음과 같은 문제를 낸다. 젊은이는 "그 문제에 대한 정답은 이미 알고 있어요. 깨끗한 얼굴을 한 도둑이 씻으러 갔잖아요"라고 대답한다. 이쯤 되면 눈치 챘겠지만, 랍비는 또 틀렸다고 말한다.

둘 다 씻으러 갔네. 역시 간단한 논리이지. 더러운 얼굴을 한 도둑이 깨끗한 얼굴을 한 도둑을 보고서 자신도 깨끗할 거라고 생각했네. 깨끗한 얼굴을 한 도둑은 더러운 얼굴을 한 도둑을 보고서 자신도 더러울 거라고 생각했네. 그 결과 깨끗한 얼굴을 한 도둑이 씻으러 갔네. 더러운 얼굴을 한 도둑은 깨끗한 얼굴을 한 도둑이 씻는 것을 보고 있다가 그 또한 얼굴을 씻었던 것이네.

젊은이가 그렇게까지 생각하지는 못했음을 인정하고 또 다른 문제를 내주기를 부탁하자, 이번에도 랍비는 같은 문제를 냈다. 젊은이는 랍비가 이미 알려준 대로 "둘 다 씻으러 갔어요"라고 대답하지만 랍비는 또 틀렸다고 말한다.

아무도 씻지 않았네. 이것도 매우 간단한 논리이지. 얼굴이 더러운 도둑은 얼굴이 깨끗한 도둑을 보고 자기 얼굴도 깨끗하다고 생각했다네. 얼굴이 깨끗한 도둑은 얼굴이 더러운 도둑을 보고 자기 얼굴이 더러운 줄 알았지. 얼굴이 더러운 도둑은 자기 얼굴이 깨끗한 줄 알고 안 닦았다네. 얼굴이 깨끗한 도둑은 그것을 보고 '저 친구도 안 닦는데 나만 닦을 필요는 없지' 하고 역시 안 닦았다네. 결국은 아무도 안 닦았지.

이제 아예 사색이 되어버린 젊은이는 "저는 탈무드를 공부할 자격이 있다고 생각합니다"라고 말하면서 마지막 문제를 간청한다. 물론 랍비는 같은 문제를 내고, 젊은이는 랍비가 방금 전에 알려준 대로 "둘 다 닦지 않았어요"라고 대답한다. 랍비가 또 틀렸다고 말하리라는 것도 짐작할 수 있을 것이다.

틀렸네. 소크라테스 문답법을 공부했다고 들었는데 왜 자네에게 탈무드 공부가 불가능한지 이제 알겠는가? 설명해 보게. 두 도둑이 똑같은 굴뚝을 통해 들어갔는데 어떻게 한 사람은 더럽고 한 사람은 깨끗할 수 있단 말인가? 소크라테스 문답법을 공부했다는 사람이 그것도 모른단 말인가?

이에 젊은이는 몹시 화난 채 "잠깐만요, 당신은 나에게 같은 질문에 대해 서로 모순되는 답변을 네 가지나 주셨어요. 어떻게 그게 논리적으로 가능합니까?"라고 랍비에게 따져 물었다. 그러자 랍비는 우문현답을 내린다. "젊은이. 그게 바로 탈무드라네"라고.

이것은 탈무드가 무엇인지, 탈무드를 가지고 하브루타로 공부한다는 것이 어떤 것인지 알게 해주는 유명한 이야기이다. 이 이야기에서 정답은 없다. 우리는 어떻게든 정답을 찾으려고 노력하지만, 유대인은 정답 맞히기보다 어떤 주제나 내용에 대해 다양한 관점으로 끝없이 생각하는 과정 자체를 중요하게 여긴다. 유대인은 가르침, 권위, 통념, 관습 등을 무조건 받아들이지 않는다. 백지에 그림을 그리듯이 사고 범위를 무한대로 열어놓고 따져 묻는다.

"과연 옳은 생각인가?"

"다르게 바라볼 수는 없는가?"

"더 좋은 방향은 없는가?"

"다른 대안은 무엇인가?"

"달리 생각할 수는 없는가?"

유대인 중에 개혁적인 사상가가 많이 나오는 이유도 기존 질서나 권위를 의심하고 늘 따져 묻는 사고방식과 밀접하게 관련되어 있다. 혁신적인 아이디어는 사람들이 일반적으로 별 의심 없이 믿는 것을 부정하는 엉뚱한 발상에서 싹튼다. 사고 범위를 제한하지 않고 다른 사람의 견해에 얽매이지 않는 자유로운 생각이 유대인에게 최고의 성공을 가져다준 것이다.

탈무드 논쟁은 서로의 사고를 날카롭게 벼린다

　수천 년 동안 유대인은 '탈무드 논쟁'을 해왔다. 탈무드를 펼치고서 위대한 랍비들의 이야기 하나하나, 문장 하나하나, 단어 하나하나에 대해 하브루타 짝꿍과 함께 치열하게 논쟁하는 연구('학습' 혹은 '공부'로 대체해도 좋다!) 방법을 만들어낸 것이다.

　언쟁과 논쟁은 다르다. 언쟁은 말로 다투고 싸우면서 화를 돋운다. 하지만 이성을 바탕으로 하는 논쟁에서는 화를 내면 곧 지는 것이다. 유대인이 논쟁하는 모습은 너무도 격렬해서 마치 싸우는 것처럼 보이기도 한다. 때론 주먹으로 책상을 쳐가며 큰소리로 논쟁하기도 하고, 삿대질까지 해대며 서로 물러서지 않으려고 온 힘을 다해 토론하기도 한다. 그럴 때는 옆 사람도 안중에 없다. 그렇다고 둘 사이가 나빠지는 경우는 없다. 어릴 때부터 하브루타를 통해 감정을 조절하는 능력을 키워왔기 때문이다.

　유대인은 철이 철을 날카롭게 하듯이 친구들과 부딪치면서 서로를 날카롭게 한다고 믿는다. 여기서 날카롭게 한다는 것은 '필풀(Pilpul)', 즉 '날카로운 분석'을 의미한다. 이것이 바로 '탈무드 공부법'이다.

　유대인은 한국 부모처럼 학교에서 돌아온 아이에게 "무엇을 배웠니? 선생님 말씀은 잘 들었지?"라고 묻지 않는다. 단지 "선생님에게 무슨 질문을 했니?"라고 묻는다. 우리는 교사가 아이에게 무엇을 가르쳤느냐를 중시한다. 하지만 유대인은 아이가 실질적으로 무엇을 배웠고,

무슨 생각을 했고, 무슨 질문이 생겼는지를 더 중시한다. 유대인은 아이가 무엇에 관심을 갖고 무엇을 궁금해했는지, 그래서 무엇을 질문하고 무엇에 대해 토론했는지 알고 싶어 한다.

질문을 중요하게 여기는 교육은 아이를 학습의 주체자로 만드는 효과가 있다. 가만히 앉아서 교사가 가르치는 대로 받아들이는 수동적인 객체가 아니라 아이가 배움의 주체로 적극적으로 나서도록 도와준다. 그들은 "한 번 길을 잘못 찾는 것보다 열 번 길을 묻는 것이 낫다"는 격언을 실천한다. 질문을 잘하는 학생일수록, 그리고 그 질문이 날카롭고 독특하고 수준 높을수록 좋은 평가를 받는다. 유대인은 나쁜 답은 있으되 나쁜 질문은 없다고 말한다. 학생들에게 끊임없이 질문하도록 유도하는 유대인 교육은 지식을 더욱 깊고 풍부하게 한다. 질문은 단순히 앎의 차원을 넘는다. 산발적으로 흩어진 단편적인 지식들을 하나로 묶는 역할을 하기 때문이다.

유대인 학교의 교실은 항상 시끄럽다. 쉬는 시간에 소란스러운 것은 당연하고 질문과 토론과 논쟁 중심의 수업 시간도 마찬가지이다. 유대인 학생들은 손을 움직이고 몸을 흔들면서 큰소리로 논쟁하기 때문이다. 꼭 이렇게 크게 움직이고 크게 소리 내야 할까 싶지만, 사실 이런 공부법은 새로운 내용을 빠르게 익히는 데 아주 효율적이다. 들으면서 말하고, 또 말하면서 듣기 때문이다.

또한 몸을 움직이면 혈액순환이 잘된다. 뇌는 우리 몸무게의 2~3퍼센트인 1.4킬로그램에 불과하지만 산소 소비량은 25퍼센트에 이른다.

손과 몸과 입을 움직이는 토론과 논쟁은 산소를 가장 많이 소비하는 뇌에 혈액을 빠르게 공급하여 뇌가 신속하게 작동하도록 한다. 몸의 움직임은 뇌에 퍼져 있는 신경망의 수초를 증가시켜 신경 전달 속도가 빨라진다. 신경망을 활성화하는 수초가 증가할수록 학습이 정교해지는 데 필요한 정보망이 촘촘하게 형성된다. 즉 토론과 논쟁을 통해 몸을 많이 빠르게 움직일수록 두뇌에서 이루어지는 지적 과정이 더욱 고도화되어 사고력은 넓고 깊어지며 상황 대처 능력과 문제 해결 능력도 높아진다.

::
유대인은 유대 전통을 전수하기 위해 아이들을 데려와서 그들의 문화를 체험하게 한다. 통곡의 벽 앞에서 기도하고 있는 유대인들.

　유대인 학생들은 책을 읽어도 머릿속으로 읽지 않고 입 밖으로 소리를 내어 읽는다. 그러면 집중력이 더 높아지기 때문이다. 다른 사람에게 방해될까 봐 걱정하지 않는다. 모두가 그렇게 하니까. 시각, 청각, 움직임을 동시에 활용하기 때문에 그만큼 두뇌가 활발하게 작용하고 그 효과도 높아진다. 그래서 친구 없이 혼자 공부할 때도 마치 다른 사람과 하브루타를 하듯이 스스로 묻고 답하는 경우가 많다.

　이스라엘의 예루살렘에 있는 통곡의 벽 앞에서도 이와 비슷한 광경을 볼 수 있다. 그곳에서 유대인들은 대부분 몸을 앞뒤로 흔들면서 토라를 소리 내어 읽고 기도한다. 이곳에서는 가만있으면 토라를 읽지 않는 것이고 몸을 움직이면 읽고 있는 것이다.

자유롭게 대화하되 형식을 갖춰라

탈무드 논쟁은 탈무드 자체를 텍스트로 삼는 경우는 물론 '질문 → 토론 → 논쟁'이 중심인 하브루타가 더욱 전문적으로 이루어져 가장 수준 높은 단계에 이르는 경우를 모두 포함한다. 하브루타든 탈무드 논쟁이든 일정한 원칙과 형식을 갖춰야 그 효과가 발휘된다. 무턱대고 자기 생각을 주장하고 남의 생각에 반박해서는 안 된다는 것이다. 모든 과정은 '논리'를 바탕으로 해야 한다.

사실 탈무드는 그 자체가 논리 체계를 갖고 있다. 먼저 랍비가 이야기한다. 그 이야기를 들으면서 스스로 생각한다. 그 이야기에 대해 자기 생각을 말한다. 이것이 탈무드 논리이다. 이야기를 들려주는 사람이 아무리 위대한 랍비일지라도 각자 자기 생각을 바탕으로 서로 논리의 공격을 통해 토론하고 논쟁하며 이야기 속에 숨겨진 진리를 찾아간다.

그렇다면 탈무드 논쟁의 원칙에 대해 살펴보자(보다 넓은 의미의 하브루타에도 응용하여 적용할 수 있다).

❶ 서로 눈을 마주 본다.
❷ 상대방의 말을 경청한다. 한 사람이 말하면 다른 사람은 귀를 활짝 열

고 집중해 듣는다. 자신이 동의하지 않는 생각에 대해서도 경청한다.
❸ 파트너들은 각자 자기 생각을 논리적으로 정리하여 증거를 제시한다.
❹ 서로 합의하려고 노력하기보다는 자기 논리를 체계화하고 상대방의 논리에 반박하는 데 중점을 둔다.
❺ 상대방이 동의하지 않을 때는 왜 그런지 이유를 들어 말한다.
❻ 파트너들은 각자 자기 생각이 가장 좋은 것이 되도록 서로 노력한다.
❼ 파트너들은 어떤 생각이 가장 좋은 것인지 확실하게 하기 위해 서로 토론하여 판단을 내린다. 하지만 아무리 사소한 주장이라도 논리적인 근거를 이해하고 존중한다.

이런 탈무드 논쟁 과정을 좀더 구체적으로 살펴보자.

❶ 파트너 1이 본문을 큰소리로 읽는다. 그런 다음 파트너 2가 같은 본문을 큰소리로 읽는다.
❷ 파트너 1이 둘 다 읽은 본문에 대해 자기 생각을 정리하여 설명한다.
❸ 파트너 2는 그 설명을 경청한다.
❹ 파트너 2는 파트너 1의 설명에 동의하는 부분과 동의하지 않는 부분을 이야기하고, 동의할 수 없는 부분에 대해 그 이유와 증거를 논리적으로 제시하여 반박한다.
❺ 파트너 1은 그 반박에 대해 왜 자기 설명이 정당한지 논리적으로 증명한다.

❻ 설명과 반박, 논리적인 증명을 계속한다. 파트너 1은 방어하고 파트너 2는 공격한다. 일반적으로 옳다고 여겨지는 아이디어에 대해서도 의문을 제기하고 질문한다.

❼ 파트너 1과 파트너 2의 입장을 바꾸어 논쟁을 계속한다. 이번에는 파트너 1이 공격하고 파트너 2가 그에 대해 방어한다.

❽ 지금까지 논의한 것을 정리한다. 두 사람은 서로의 아이디어를 검토하고, 어떤 아이디어가 가장 좋은 것인지 확실하게 하기 위해 합의를 거쳐 최상의 해답을 결정한다. 서로 합의되지 않으면 자기주장을 다시 정리하여 제시하고 토론을 마무리한다. 이런 합의 과정이 없는 경우도 많다.

아론 패리는 자기 저서 『탈무드』에서 18세기 이탈리아 학자인 랍비 모케 카임 루차토(Moche Chaim Luzzatto)가 체계화한 탈무드 논쟁 7가지 요소를 소개했다.

❶ 진술(statement) - 사실을 있는 그대로 간략하게 언급한다.
❷ 질문(question) - 진술한 사람의 정보를 듣고 상대방이 그것에 대해 날카로운 질문을 한다.
❸ 대답(answer) - 진술한 사람이 그 질문에 대해 답변한다.
❹ 반박(contradiction) - 대답에 대해 반박하거나 반대 의견을 제시한다. 이때 반박은 날카로울수록 좋다.

❺ 증거(proof) – 처음 진술한 사람이 자기 주장에 대해 논리적인 증거를 제시한다.

❻ 갈등(difficulty) – 새로운 증거들에 대해 사실이나 진실이 아닌 것을 찾아내어 지적한다.

❼ 해결(resolution) – 함께 갈등 상황에 대한 해결책을 찾고 바람직한 방향을 모색하며 마무리한다.

탈무드 논쟁에서는 늘 반론이 제기되고 토론을 통해 '갈등'을 해결하기도 하지만, 도저히 해결되지 않는 경우도 많다. 이것을 '타이쿠(taiku)', 즉 무승부라고 한다. 이럴 때는 질문에 대답하지 못하거나, 특히 성서의 경우에는 빈약한 증거를 대는 '약자'를 편들어준다. 학자의 입장에서는 관용을 베푸는 사람이 이기는 것이다. 두 사람 사이에 해결되지 않은 채로 남겨진 문제의 경우에는 지혜로운 사람들이 편들어주는 쪽이 이기게 된다.

이런 정신에 따라 탈무드는 다수가 주장하는 주요 의견만 받아들이는 것이 아니라 소수의 의견도 중시한다. 탈무드는 정확한 이해나 반대 의견의 충돌 시 합의를 도출하는 게 전부가 아니라는 메시지를 전한다. 그보다는 심도 깊은 분석, 객관적이고 타당한 증거에 기초한 논리적인 주장이 오가는 토론과 논쟁 과정이 중요한 것이다.

모든 학생들이 동시에 참여하는 하브루타 교실도 매우 시끄럽고 혼란스러워 보이지만 여기에서도 탈무드 논쟁을 토대로 세 가지 핵심적인 실천 원칙을 지킨다.

첫째, 집중해서 듣기와 논리 정연하게 말하기
둘째, 깊게 생각하기와 명확한 논점 정하기
셋째, 날카롭게 반박하기와 논리적으로 증명하기

전통적인 하브루타 수업은 짝지은 학생들이 함께 텍스트를 크게 읽는 것으로 시작한다. 단어 하나하나를 들으면서 텍스트에 몰두하고 그 의미를 논리 정연하게 정리한다. 그리고 각자 텍스트를 어떻게 이해했는지 발표하고, 상대방은 짝이 발표하는 내용을 집중해 듣는다. 더 나아가 예리한 질문을 던져서 그 내용을 완전히 파악하고 깊이 이해하도록 한다. 이때 질문은 내용의 의미를 명확하게 확인하는 것을 넘어서서 내용의 논리를 비판적으로 바라보고 약점을 드러내어 합당한 증거를 제시하여 반박한다.

이때 무엇보다 선행돼야 할 것은 텍스트에 대해 깊게 생각하여 토론과 논쟁을 이끌어갈 만한 논점을 분명하게 하는 것이다. 토론과 논쟁을 통해 그 논점을 풀어가기 위해 학생들은 텍스트와 관련한 자료들을 읽고 자기 의견을 뒷받침하는 증거를 찾아 자기 사고를 논리적으로 정교하게 다듬는다. 하브루타가 진행될수록 텍스트의 특정 단어를 해석하는 데 매달리고 특정 문장이 의미하는 바에 초점을 맞추면서 주제와 논점에 더욱 깊숙이 파고든다. 학생들이 즉흥적인 언변으로 대충 그 시간을 얼버무릴 수 없는 이유이다. 학생들은 자신은 물론 상대방도 생각에 생각을 거듭하도록 만들 수밖에 없다.

질문, 반박, 증명은 사실 하브루타의 꽃이다. 토론하고 논쟁하는 과정에서 상대방이 전개하는 논리의 허점을 파고드는 날카로운 질문과 예리한 반박, 그리고 그에 대해 자기 논리를 더욱 강화하는 타당한 증명이 풍성할수록 하브루타는 훌륭해진다. 이러니 어떤 텍스트든 다각도로 해석할 수 있는 방법을 체득하게 되고 그만큼 자기 견해를 넘어서는 생각에까지 나아갈 수 있게 된다. 이런 과정을 통해 학생들은 때론 서로를 지지하고 때론 서로에게 도전하면서 사고를 확장시키는 동시에 확립해 나간다. 유대인이 남의 말을 진지하게 경청하고, 또 남과 생각이 다를 때는 언제든지 자기 의견을 강하게 내세우는 것은 이런 전통에 근거한다.

사고를 가로막는 정답을 찾지 말고 질문을 던져라

질문은 우리 삶을 변화시킨다. 뇌에 가해지는 전기 쇼크와 같아서 질문을 받는 즉시 대답을 생각해야 한다. 우리는 모두 대답이라는 반사작용을 갖고 있으며, 이것은 어린 나이부터 우리에게 심어진 기능이다. 이런 힘은 너무도 강력해서 질문이 지닌 다른 힘들은 모두 여기에 좌우된다.

질문은 대답을 요구하는 것이므로 주도권을 행사하게 만든다. 무엇보다 질문은 사고를 자극한다. 변화란 통찰력 있는 질문에 의해 발생되는 의미심장한 사고의 결과이다. 자신에게 주어지거나 스스로 떠올린 질문에 대한 답을 찾기 위해 생각을 몰두하다 보면 '발견, 평가, 의사 결정, 계획'을 낳고 이것들은 모두 변화를 일으킨다. 그러니까 질문이 없다면 변화는 어렵다.

유대 민족의 힘은 질문에서 나왔다. 탈무드 논쟁도 질문으로 시작되고 질문으로 끝난다. 랍비나 교사는 가장 날카롭고 새로운 질문을 하는 학생을 최고로 평가한다. 또한 유대인 학교에서는 그런 학생이 학급의 리더가 된다. 질문에서 스티브 잡스가 나오고 페이스북, 인텔, 스타벅스가 탄생했다.

그러나 훌륭한 질문을 하기까지도 훈련이 필요하다. '질문 만들기' 훈련을 해보자. 한 문장으로 질문 30개를 만들어보는 것이다.

옛날에는 가난뱅이였던 벼락부자가 있었다. 랍비 힐렐은 그에게 말 한 마리와 마부를 주었다. 어느 날 갑자기 마부가 사라졌다. 그러자 벼락부자는 사흘 동안 마부처럼 직접 말을 끌고 걸어갔다.

마빈 토케이어의 『탈무드의 지혜』 편에 나오는 위의 가난뱅이 이야기는 모두 네 문장으로 이루어져 있다. 그중 첫 문장만으로 30여 개의 질문을 만들 수 있는가? 주입식 교육에 익숙한 한국 아이들은 답을 맞히는 것이 아니라 질문을 만들라는 생소한 요구를 받으면 난감해한다. 서너 개의 질문을 만드는 것조차 버거워하곤 한다. 우리의 학습 방법은 늘 '답을 묻는 질문'이었다. 하지만 하브루타는 '질문을 묻는 질문'으로 시작된다.

하브루타를 잘하려면 질문을 잘 만들 줄 알아야 한다. 학생들은 보통 한 문장씩 번갈아 가면서 토론하기 때문에 하브루타 학습이 되기 위해서는 한 문장을 가지고 최대한 많은 질문을 만들어낼 수 있어야 한다. 하브루타든 질문 학습법이든 '질문을 만드는 것'이 핵심인데 현재 우리 교육의 여건과 현실에서는 질문하는 연습이 전혀 되어 있지 않아 어려움이 많다. 자, 그럼 가난뱅이 이야기의 첫 문장부터 질문을 만들어보자.

옛날에는 가난뱅이였던 벼락부자가 있었다.

1. 가난뱅이는 무슨 뜻인가?
2. 벼락부자의 '벼락'은 무슨 뜻인가?
3. '옛날에는'이란 무슨 뜻인가?
4. 왜 '옛날에'라고 하지 않고 '옛날에는'이라고 표현했는가?
5. 왜 가난한 사람이라고 하지 않고 '가난뱅이'라고 표현했는가?
6. 가난뱅이라면 어떤 느낌이 드는가?
7. 이 문장 전체를 읽고 어떤 느낌이 드는가?
8. 왜 그냥 부자가 아니고 '벼락부자'라고 표현했는가?

9. 벼락부자는 어떤 방법으로 될 수 있는가?
10. 가난뱅이였던 사람이 갑자기 벼락부자가 됐다면 어떤 느낌일까?
11. 갑자기 부자가 되면 어떤 문제가 생길까?
12. 그 문제를 해결하기 위해서는 어떻게 해야 할까?
13. 가난뱅이는 어떻게 생계를 유지하는가?
14. 당신이 지금 벼락부자가 된다면 무슨 일을 제일 먼저 하고 싶은가?
15. 당신은 평소 부자에 대해 어떻게 생각하는가?
16. 가난한 사람이 갑자기 벼락부자가 됐다는 소식을 들으면 당신은 어떤 느낌일까?
17. 당신은 벼락부자인 친구에게 어떤 조언을 해주고 싶은가?
18. 만약 당신이 벼락부자가 된다면 어떤 유혹이 가장 먼저 닥쳐올까?
19. 그 유혹을 벗어나려면 어떻게 해야 할까?
20. 가난뱅이였다가 벼락부자가 됐을 때 가장 좋은 점과 가장 힘든 점은 무엇일까?
21. 가난뱅이와 부자의 생활을 비교해 본다면?
22. 가난뱅이가 벼락부자가 되면 가장 어색한 것은 무엇일까?
23. 가난뱅이가 벼락부자의 생활과 사고방식에 적응하기 위해서는 어떻게 해야 할까?
24. 벼락부자가 됐다가 타락하거나 재산을 탕진하지 않으려면 어떻게 해야 할까?
25. 노력으로 얻지 않은 재물에 대한 당신의 생각은 어떤가?

26. 노력으로 얻지 않은 재물이 위험한 이유는 무엇인가?
27. 당신이나 부모가 현재 갖고 있는 재물은 정당하게 노력해서 얻은 것인가?
28. 정당하지 못한 방법으로 벼락부자가 되는 것에 대한 당신의 생각은?
29. 당신은 어떻게 부자가 되고 싶은가?
30. 빈부와 행복은 어떤 관계가 있을까?

(이 질문들은 하브루타교육원의 탈무드 전문가인 김정완 이사가 만들었다)

이처럼 간단한 문장 하나로도 30개, 아니 그 이상의 질문을 뽑아낼 수 있다. 질문을 잘하기 위해서는 다방면으로 생각하는 훈련에 익숙해져야 한다. 눈에 보이는 그대로가 아니라 항상 뒤집어 보고 거꾸로 보고 꿰뚫어 보는 연습을 꾸준히 해야 한다. 사고의 확장은 다양한 상황을 가정하여 만들어보는 연습으로도 가능하다.

아이들과 직접 하브루타를 하다 보면 진도에 급급한 나머지 설렁설렁 넘어가려 하는 경우가 많다. 하지만 하브루타는 '진도'가 아니라 '심도'에 중점을 둔다. 하브루타를 통해 깊이 있는 공부를 하기 위해서는 단순한 문장 하나에서도 많은 질문들을 다채롭게 뽑아낼 줄 알아야 한다.

그런데 질문은 여기서 그치지 않는다. 하나의 질문에서 또 다른 연관 질문들이 얼마든지 파생될 수 있기 때문이다. 이처럼 끊임없는 질문들로 이루어지는 것이 하브루타 교육의 장점인데, 그렇다고 그 질문들이 질문을 위한 질문에 멈춰서는 안 된다. 서로에게 도움이 되는 질문이어야 더불어 발전할 수 있다. 깊고 폭넓은 생각을 유도하는, 미처 생각하지 못한 것을 일깨우는, 날카롭고 예리한 질문이어야 한다.

가난뱅이 이야기 중 첫 문장으로 만든 질문 30개를 유형별로 묶어보면 좋은 질문을 만드는 요령을 발견할 수 있다.

단어의 뜻을 묻는다
- 가난뱅이는 무슨 뜻인가?
- 벼락부자의 '벼락'은 무슨 뜻인가?
- '옛날에는'이란 무슨 뜻인가?

문장의 표현에 대해 묻는다
- 왜 '옛날에'라고 하지 않고 '옛날에는'이라고 표현했는가?
- 왜 가난한 사람이라고 하지 않고 '가난뱅이'라고 표현했는가?
- 왜 그냥 부자가 아니고 '벼락부자'라고 표현했는가?

느낌을 묻는다
- 가난뱅이라면 어떤 느낌이 드는가?
- 이 문장 전체를 읽고 어떤 느낌이 드는가?
- 가난뱅이였던 사람이 갑자기 벼락부자가 됐다면 어떤 느낌일까?
- 가난한 사람이 갑자기 벼락부자가 됐다는 소식을 들으면 당신은

어떤 느낌일까?

문장을 통해 유추할 수 있는 것들을 묻는다

- 벼락부자는 어떤 방법으로 될 수 있는가?
- 갑자기 부자가 되면 어떤 문제가 생길까?
- 가난뱅이는 어떻게 생계를 유지하는가?
- 가난뱅이가 벼락부자가 되면 가장 어색한 것은 무엇일까?
- 가난뱅이가 벼락부자의 생활과 사고방식에 적응하기 위해서는 어떻게 해야 할까?

비교해서 묻는다

- 가난뱅이였다가 벼락부자가 됐을 때 가장 좋은 점과 가장 힘든 점은 무엇일까?
- 가난뱅이와 부자의 생활을 비교해 본다면?

상대방의 의견을 묻는다

- 당신은 평소 부자에 대해 어떻게 생각하는가?
- 당신이 지금 벼락부자가 된다면 무슨 일을 제일 먼저 하고 싶은가?
- 당신은 벼락부자인 친구에게 어떤 조언을 해주고 싶은가?
- 노력으로 얻지 않은 재물에 대한 당신의 생각은 어떤가?
- 노력으로 얻지 않은 재물이 위험한 이유는 무엇인가?

- 갑자기 부자가 되어 생기는 문제를 해결하기 위해서는 어떻게 해야 할까?
- 벼락부자가 됐다가 타락하거나 재산을 탕진하지 않으려면 어떻게 해야 할까?
- 정당하지 못한 방법으로 벼락부자가 되는 것에 대한 당신의 생각은?

상대방에게 적용할 수 있는 것을 묻는다
- 당신이나 부모가 현재 가지고 있는 재물은 정당하게 노력해서 얻은 것인가?
- 정당하지 못한 방법으로 벼락부자가 되는 것에 대한 당신의 생각은?
- 당신은 어떻게 부자가 되고 싶은가?

가정하여 묻는다
- 만약 당신이 벼락부자가 된다면 어떤 유혹이 가장 먼저 닥쳐올까?
- 그 유혹을 벗어나려면 어떻게 해야 할까?

결론적이고 종합적인 것을 묻는다
- 빈부와 행복은 어떤 관계가 있을까?

가난뱅이 이야기의 첫 문장을 가지고 30개의 질문을 뽑은 것처럼 다른 세 문장으로도 질문들을 뽑을 수 있다. 그러면 이렇게 간단한 네 문장의 이야기에서도 100개가 넘는 질문이 나올 수 있다. 이외에도 이야기 전체에 대한 질문들도 무한대로 만들어낼 수 있으며 그 질문에 대한 또 다른 질문들이 꼬리에 꼬리를 물게 된다.

- 질문 1 : 랍비가 벼락부자에게 말 한 마리와 마부를 준 이유가 무엇일까?
- 대답 : 벼락부자가 어떻게 하는지 시험하려고, 혹은 벼락부자에게 부를 누리는 법을 알려주려고.
- 질문 1-1 : 왜 벼락부자를 시험하려 했을까? 왜 벼락부자가 부를 누리는 법을 가르쳐주려 했을까?
- 대답 : 갑자기 많은 돈이 생기면 돈을 관리하는 법을 모르기 때문에 그것의 경각심을 심어주려고.
- 질문 1-2 : 랍비는 왜 그걸 가르쳐주려 했을까?
- 대답 : 갑자기 생긴 돈의 무서움을 가르쳐주려고. 노력 없이 재산을 갖게 되면 흥청망청 쓰게 될 가능성이 높고, 그러다 보면 패가망신할 수 있으므로.

질문 1에 대한 토론 뒤에는 질문 2, 질문 3, 질문 4가 계속 이어진다.
"마부가 사라진 이유는 무엇일까?"
"왜 벼락부자는 말을 직접 끌고 걸어갔을까?"
"마부 없이 말을 끌고 가는 벼락부자를 보면서 어떤 생각이 드는가?"
생각해 보라. 대학 입시, 심지어 특목고 입시에 쫓기는 우리 교육계에서 과연 네 문장으로 이루어진 짤막한 이야기로 이토록 끝없는 토론을 할 수 있을까? 교과 진도를 나가기에도 버겁고 좀더 많은 지식을 주입하기에도 모자란 시간에 이런 수업을 하기란 거의 불가능할 것이다.

그러나 우리 교육이 아무리 속도전으로 치달아도 한국 학생들과 유대인 학생들의 격차는 점점 벌어지고 있다. 지금 당장은 더디더라도 그렇게 훈련받은 유대인 아이들은 모든 것에 대한 이해력이 탁월하게 향상된다. 그것은 문장을 이해하는 능력뿐 아니라 다른 사람이 하는 말의 의미를 파악하는 능력, 그와의 대화 흐름을 읽어내는 능력으로까지 이어진다. 한국 부모에게 솔깃하게 다가가려면 시험문제가 의도하는 바를 빠르고 정확하게 파악하는 능력도 높아질 수밖에 없다고 이야기하면 되려나? 그런 능력으로 유대인은 미국 아이비리그 대학생들의 30퍼센트를 당당하게 차지하고 있는 것이다.

질문은 훈련이다. 스스로 질문을 만들어낼 줄 알아야 하브루타도 활발하게 이루어진다. 그리고 그 질문이 나와 상대방 모두에게 유익하다는 것을 깨달아야 한다. 하브루타의 목적은 논쟁에서 이기기 위한 것이 아니라 서로 의견이 다르다는 걸 인정하고 그 의견을 수용하여 상대방의 생각을 살펴주는 것이다.

당연한 일상에서 질문을 만들어라

하브루타는 '당연한 것들에서 새로운 진실을 찾아가는 과정'이다. 그렇기 때문에 교실, 도서관, 회당뿐만 아니라 일상의 모든 공간과 삶의 매 순간이 하브루타인 셈이다.

길을 가다가 교통질서를 지키지 않는 사람을 봤을 때, 공공장소에서 크게 떠드는 사람을 봤을 때 아이와 함께 그런 사람들에 대해 질문하고 토론하고 논쟁할 수 있다. 신문이나 책을 읽다가도, 텔레비전을 보다가도 마찬가지로 대화할 수 있다. 언제든 어디에서든 어떤 주제로든 하브루타는 가능하다. 단지 수다의 수준만 조금 높이면 된다. 하브루타는 전혀 어렵지 않다. 공부로 수다를 떨고, 수다로 공부를 하는 것이다.

아파트 복도에 자전거가 있다면?

아파트 복도에 아이의 자전거가 아무렇게나 세워져 있다. 권위적인 부모는 아이에게 이렇게 말한다. "자전거 저쪽으로 치워라." 이 한마디면 끝이다. 아이는 부모의 지시에 따라야 한다. 하지만 유대인 부모는 이런 상황을 토론의 기회로 삼는다.

- 엄마 : 복도에 이렇게 자전거를 세워두면 어떤 일이 일어날까?
- 아이 : 사람들이 지나가는 데 방해가 돼요.
- 엄마 : 사람들이 지나가다가 자전거에 부딪히면 어떻게 되지?

- 아이 : 사람들이 다쳐요.
- 엄마 : 그럼 네 자전거는 어떻게 되지?
- 아이 : 자전거가 넘어져서 망가져요.
- 엄마 : 그래, 지나가는 사람에게도 방해가 되고, 네 자전거도 망가질 수 있겠네!
- 아이 : 네.
- 엄마 : 그럼 자전거를 어떻게 하는 것이 좋을까?
- 아이 : 아무래도 치우는 게 좋겠어요.

아이는 지시나 명령에 따라 불만을 품고 자전거를 옮기는 것이 아니라 남뿐만 아니라 자신에게도 좋지 않다는 사실을 스스로 논리적으로 판단해서 자전거를 옮기게 된다. 부모의 강압적인 권위가 아니라 '합리적인 권위'로 접근한다는 것은 바로 이런 경우를 두고 하는 말이다.

유대인은 구구단을 외우지 않는다

초등 2~3학년이면 누구나 억지로라도 구구단을 외워야 한다. 우리는 모두 2단부터 9단까지 한목소리로 수십 번, 수백 번 반복해서 구구단을 외웠다. 하지만 유대인 학교에서는 결코 구구단을 외우는 일이 없다. 구구단이 나오는 원리를 2년이고 3년이고 반복해서 교육한다.

만일 사각형의 넓이를 구한다고 해보자. 가로 7센티미터, 세로 9센티미터인 직사각형의 넓이를 구하라는 문제를 내면 구구단을 외운 한국 학생들은 1초도 되지 않아 63제곱센티미터라고 대답할 것이다.

하지만 유대인 학교에서는 그런 문제조차 학생들에게 짝을 지어서 토론하여 각각 나름의 방식으로 문제를 풀도록 한다. 구구단을 외우지 않은 아이들은 서로 대화하면서 여러 방법들을 동원해 문제를 푼다. 예를 들어 어떤 팀은 자로 1센티미터씩 가로로 7칸을 그리고 세로로 9칸을 그려서 전체 칸이 몇 칸인지 일일이 센 다음 63제곱센티미터라는 답을 찾는다. 또 어떤 팀은 바둑알 같은 것을 7개씩 나란히 9줄로 일일이 놓아서 전체가 63개라는 것을 알아낸다. 또 다른 팀은 모눈종이를 가져다 놓고 칸을 칠하면서 넓이를 구한다. 이런 방식으로 아이들은 둘씩 짝지어 아이디어를 토론하고 각자 자신들만의 방법을 동원하여 직사각형의 넓이를 구한다.

그렇게 정답을 구하는 것으로 끝이 아니다. 팀별로 어떻게 이 문제를 해결했는지 친구들 앞에서 발표를 한다. 만일 앞서 발표하는 팀이 자기 팀과 똑같은 방법으로 문제를 해결했다면 가능한 한 새로운 방법을 찾아 문제를 해결해야 한다. 아이들은 토론과 발표를 통해 자신은 한 가지 방법만 생각했어도 열 가지 이상의 방법을 알게 된다. 이렇게 발표가 끝나면 또 다른 방법은 없는지, 각 방법들의 장단점은 무엇인지까지 토론한다. 남과 다른 나만의 방법을 찾는 것, 이것이 유대인 교육의 핵심이자, 그들이 성공하는 비결 중의 비결이다.

왜 교통법규를 지켜야 하지?

이번에는 아이들에게 교통법규를 가르친다고 생각해 보자. 우리는 대개 교통법규에 대해 강의식으로 가르치고 이를 암기해서 시험을 치른다. 빠른 습득과 효율적인 암기에 교육의 초점이 맞춰져 있기 때문이다. 하지만 유대인은 먼저 아이에게 교통법규가 없다면 어떻게 될지 생각하게 해서 호기심을 유발한다.

"사람들이 교통법규를 지키지 않으면 세상은 어떻게 될까? 그래서 큰 혼란이 일어나면 사회는 어떻게 될까? 횡단보도 말고 길을 건너는 더 효과적인 방법은 없을까?"

이런 식으로 아이들에게 계속 질문을 던진다. 이런 질문들은 아이들에게 스스로 생각할 기회를 준다. 그런 다음 교통법규 준수에 대한 토론으로 이어간다. 그때서야 비로소 아이들은 왜 교통법규를 지켜야 하는지 그 필요성과 중요성을 깨닫는다.

우리 교육은 빠르고 효율적인 것 같지만 제대로 된 인재를 길러내지 못한다. 탈무드 비유처럼 '바로 가는 먼 길'인 것이다. 유대인 교육은 가까이 직진하지 않고 멀리 돌아가는 것처럼 보이지만 '돌아가는 지름길'로 핵심에 접근한다.

왜 지구의 북반구가 여름이면 남반구는 겨울일까?

우리는 지구의 공전과 자전에 대해 공부할 때, 선생님이 교단 앞에서 과학적인 사실이나 결과에 대해 정리된 내용들을 일목요연하게 설명하고 그것을 확인하기 위해 실험한다. 일방적인 강의만이 아니라 실험을 더해도 그것은 아이들에게 빠르게 효과적으로 결과를 알려주기 위함이다. 그래서 때론 아이들이 직접 실험하기보다 선생님이 혼자서 실험 과정을 시연해 보이기도 한다. 하지만 유대인은 아이의 내적 동기와 호기심을 우선으로 한다. 무엇보다 스스로 알게 하는 것에 중점을 둔다.

"왜 지구에는 낮과 밤이 있을까?"
"왜 지구에는 봄, 여름, 가을, 겨울이라는 계절이 있지?"
"왜 여름에는 낮이 길고 겨울에는 낮이 짧지?"
"왜 지구의 북쪽이 여름이면 남쪽은 겨울이지?"

먼저 아이들이 일상생활에서 쉽게 접할 수 있는 작은 현상에 대해 질문하여 궁금증을 유발한다. 그러면 아이들은 서로 질문하고 토론하고 논쟁하면서 해답에 가까이 다가가고, 공전과 자전이라는 지구적인 과학 문제도 자신과 무관하지 않음을 깨닫는다.

이처럼 유대인 사회에는 일방적으로 정답을 알려주는 형태의 수업은 존재하지 않는다. 아이의 내적 동기를 불러일으켜 아이가 자발적으로 호기심을 갖고 스스로 생각하여 자기 의견을 말하도록 유도한다. 누구나 자기 의견을 제시할 수 있고, 누구도 어떤 의견에 대해 틀리거나 맞는다고 함부로 결정짓지 않는다. 개인 각각의 의견들이 교육의 기본을 이루고, 여기에서 모든 가르침이 시작되는 것이다. 이런 교육은 가족 하브루타에서 출발하며, 유대인 교육에서 가장 강력한 힘을 발휘해 왔다.

  그래서 유대인 학생들은 혼자 공부하는 법이 없다. 그들은 언제나 다른 사람들과 소통하면서 공부한다. 그들에게 공부란 혼자서는 할 수 없는 것이다. 항상 둘이나 셋, 또는 그룹을 만들어서 생각하고 대화하고 연구하고 토론하여 그 속에 담긴 깊은 의미를 찾는 것, 그것이 바로 유대인의 공부이기 때문이다. 무엇보다 스스로 생각하는 방법을 익힌 아이들은 다른 문제 상황에 부닥쳐도 특유의 비판적인 사고력으로 스스로 생각하여 결론을 도출하고 해결책을 모색할 수 있다.

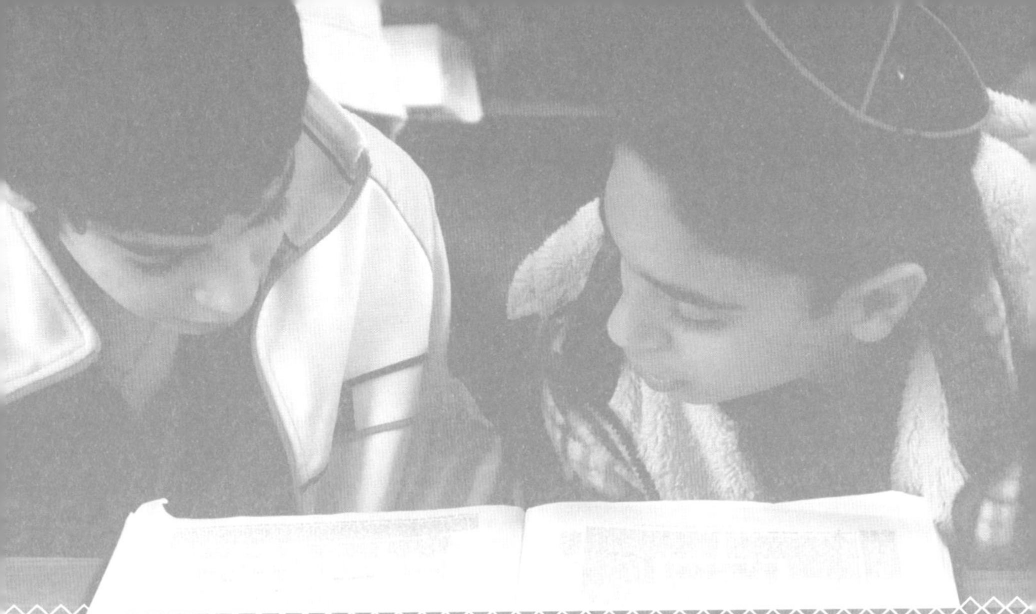

Havruta Education

아이의
행복한 공부를 꿈꾸는 교육

3

아이의 성공보다
가족의 행복을 우선하라

아빠를 그리워하는 한국 아이들

유대인과 한국인 모두 목숨 걸 정도로 자녀 교육을 중시하지만 그 성과에는 큰 차이를 보인다. 그 격차의 근본적인 원인은 가족의 유대 관계에 있다. 한국 부모는 자녀의 교육을 학교나 학원에 맡기지만, 유대인 부모는 오히려 자녀와 함께하는 시간을 더 늘리려 한다. 우리는 자녀를 위해 열심히 희생하고 뒷바라지하는 것을 사랑이라고 생각하지만, 자녀가 진정 원하는 것은 가족과 함께하면서 행복하게 대화하고 교감하는 것이다.

2011년, 한 일간지에서 어린이날을 앞두고 서울 시내 초등학생 623명과 직접 인터뷰한 결과를 기사로 실었다. '아이들은 자기가 열심히 하고 있는데 부모님이 열심히 하라고 할 때 가장 화난다'고 응답했다. '가장 기쁠 때가 언제인가?'라는 질문에는 '아빠가 안아줄 때, 아빠랑 같이 잠잘 때, 아빠가 회사에서 일찍 올 때' 같은 답변들이 상당수 차지했다. 아이들은 지금 아버지를 그리워하고 있는 것이다.

인생의 궁극적인 가치인 행복과 수단적인 가치인 성공 중에서 한국 사람들은 철저하게 성공 우선의 가치관을 갖고 있다. 우리는 더 많이 가지려고, 더 잘되려고, 더 널리 이름을 날리려고 애쓴다. 이것이 성공을 추구하는 우리의 단면이다. 이럴 때 반드시 뒤따르는 것이 행복의 희생이다. 부모는 그것을 당연하게 여기고, 물론 아이에게도 그렇게 가르친다.

아이를 위해 마땅히 희생해야 한다고 생각하는 한국 부모에게 자녀의 교육을 위한다는 것은 자녀의 성공을 위한다는 의미와 같은 말이다. 기러기 아빠가 대표적이다. 우리는 자녀의 성공을 위해 가정의 행복을 기꺼이 포기한다. 자녀의 학원비를 대기 위해 온 가족이 함께 보내는 시간이 사라지고 가족의 유대는 점점 느슨해진다.

행복은 가정에서 출발한다. 아무리 열심히 일해서 많은 부와 높은 명예를 쌓는다 해도 가족이 그것을 인정해 주지 않는다면 전혀 행복할 수 없다. 행복을 희생한다는 것은 가정을 희생한다는 말이나 다름없다.

'세계인 가치관 조사(World Value Survey)'에 의하면 한국인의 행복지수 63.22는 OECD 평균 71.25는 물론 세계 평균인 64.06에도 못 미친다. 방글라데시나 멕시코보다 더 낮다. 그 이유는 가정을 우선하지 않기 때문이다. 성공을 위해 가정을 희생하고 자녀와 함께하는 시간을 포기하며 가족끼리 대화가 없을 뿐만 아니라 어색하기조차 하다. 한국인은 자녀와 약속하고서도 상사가 회식하자고 하면 으레 자녀와의 약속을 어기는 쪽으로 선택한다. 그래서 평소 못해준 것을 어린이날이나 생일날 한꺼번에 몰아서 아이에게 갚으려 한다.

::
아이를 들고 즐거운 한때를 보내고 있는 유대인 아버지. 그들은 일이나 성공보다 가정과 아이들이 먼저이다.

유대인에게 이것은 상상할 수도 없는 일이다. 그들에게 금요일 오후부터 토요일까지는 가족이 아니라면 누구에게도 양보할 수 없는 시간이다. 평일 저녁에도 가능하면 집에서 식사하면서 자녀와 함께 시간을 보내려 한다. 유대인에게 성공이란 늘 가족을 중심에 둔 궁극적인 가치, 즉 행복과 동의어로 여겨진다. 우리는 '성공하면 가정도 행복해진다'고 생각하지만 유대인은 '가정이 행복해야 성공도 한다'고 믿는다.

가족의 유대감을 강화하라

입시 교육과 경쟁 속에서 우리 아이들은 행복한 삶을 도둑맞고 있다. 노인들에게 가장 행복했던 순간을 떠올리라고 하면 대부분 어린 시절 고향에서 즐겁게 뛰놀던 때를 이야기하는데, 이 아이들이 노인이 됐을 때 같은 질문을 받으면 어떻게 대답할까? 가장 불행했던 시절이 학교와 학원을 오가면서 공부에만 매달린 어린 시절이라고 말하지 않을까?

앞에서 언급한 2011년의 일간지 인터뷰 결과에 따르면, '가장 즐겁고 신날 때가 언제인가?'라는 질문에 '친구와 놀 때'라고 대답한 아이의 비율이 초등 2학년 37퍼센트에서 4학년 41.4퍼센트, 6학년 48.8퍼센트로 높아졌다. 시간이 갈수록 예전에 또래들과 즐겁게 놀았던 시절이 그리워지는 것이다. 그만큼 아이들이 놀지 못하고 있다는 반증이기도 하다.

아이들이 어린이날 가장 하고 싶어 하는 것으로는 '가족과 놀고 싶다'(31.5퍼센트)가 '놀이동산에 가고 싶다'(28.6퍼센트)보다 높은 결과를 보였다. 이것은 '친구와 놀고 싶다'(24.1퍼센트)보다 높은 비율이다. 그런데 가족이랑 놀든 놀이동산에서 놀든 친구와 놀든 그저 놀고 싶어 하는 아이들이 무려 94.2퍼센트에 이른다.

'무엇을 할 때 가장 즐겁고 신나는가?'라는 질문에는 '친구와 놀 때'가 52.3퍼센트, '가족과 놀러 갈 때'가 41.4퍼센트였으며, '어떨 때 가장 기쁜가?'리는 질문에는 '가족과 놀러 갈 때'(23.3퍼센트)'가 '시험을 잘 보거나 상을 탈 때'(19.4퍼센트)보다 높았다. 하지만 '우리 가족은 내가 어떻게 하면 가장 좋아하는가?'라는 질문에는 '공부를 열심히 할 때'가 35.5퍼센트이고, '시험 점수가 좋거나 상을 타 왔을 때'가 28.3퍼센트였다. '우리 가족은 내가 어떻게 하면 가장 화내는가?'라는 질문에도 '공부 안 하고 놀기만 할 때'가 27.6퍼센트로 가장 높은 비율을 차지했다.

이 결과가 말해 주듯이 아이는 늘 놀고 싶어 하는데 부모는 아이가 열심히 공부해 주기를 원한다. 이런 모순을 과연 어떻게 해결할 수 있을까?

당연한 이야기이지만 '놀면서 공부하는 것'이 가장 좋은 대안이다. 놀면서 공부하는 가장 좋은 방법은 바로 가족 하브루타이다. 지금껏 끊임없이 이야기했지만 '가족 하브루타'라고 해서 대단한 것이 아니다. 그저 아이와 함께 바둑·장기·체스를 두면서, 블록을 쌓으면서, 목욕을 하면서, 밥을 먹으면서 아이가 관심을 보이는 주제나 아이에게 가르치고 싶은 내용에 대해 대화를 나누면 된다. 부모의 생각을 일방적으로 강요하는 무늬만 대화가 아니라 아이가 자기 생각을 충분히 표현하도록 소통하면 아이는 그 시간을 가족과 노는 시간으로 받아들인다. 아울러 부모에게는 대화와 토론을 통해 아이의 뇌가 격동했으므로 '가장 효율적으로 공부시킨 시간'이 되는 셈이다.

이스라엘의 예루살렘 거리에는 아이들을 함께 데리고 다니는 유대인 부모의 모습을 자주 볼 수 있다. 더구나 대부분 자녀들도 많았다. 경제적인 부담 때문에 아이를 하나만 낳거나 아예 낳지 않으려는 우리와는 완전히 다르다.

오늘날 한국 아이들은 전반적으로 대화 부족에 시달린다. 부모가 맞벌이를 하기 때문에 자기 말을 들어주는 어른이 아예 주위에 없는 경우도 있다. 옛날에는 형제가 많아서 형제끼리 도란도란 이야기하고 노느라 하루해가 저무는지도 몰랐다. 하지만 지금은 형제가 없거나 한두 명 정도에 불과하다. 부모는 늘 바쁘고 집에 돌아와도 텔레비전에만 시선을 고정한다. 아이들이 부모와 눈을 맞추고 이야기할 시간과 기회가 없는 것이다. 부모와 자녀의 관계가 무너지면 부모와 자녀 어느 누구도 행복을 누릴 수 없다. 세상의 어떤 성공도 부모와 자녀 사이에 새겨진 아픔을 씻어낼 만큼 찬란하지 않다. 아무리 크게 성공해도 그 상처는 마음속에서 지워지지 않는다.

이때 반드시 명심해야 할 점은 자녀와 함께 지내는 시간의 양이 아니라 질이 중요하다는 것이다. 단순히 아이와 같이 있는 시간과 아이가 바르고 건강하게 성장하도록 양육한 시간은 아주 다른 문제이다. 아이와 함께 보내는 동안 얼마나 많은 사랑으로 관심을 기울이고 교감을 나누었느냐가 핵심이다. 부모가 일찍 퇴근하여 아무리 많은 시간을 집에서 보내더라도 바깥일을 가져와 그 일에만 몰두해 있다면 전혀 도움이 되지 않는다. 아빠는 거실에서 신문을 보고 아이는 자기 방에서 장난감을 갖고 노는데 어떻게 정서적인 교감이 일어나겠는가? 설령 아이를 곁에 앉히고 같이 텔레비전을 보거나 밥을 먹어도 의미 있는 대화를 나누어 정서적으로 교류하지 않으면 단지 한 공간에 공존해 있을 뿐 아이와 진정으로 함께했다고 할 수 없다.

만일 아이가 말하는 시간보다 부모가 말하는 시간이 더 많다면 그것 역시 무용지물이다. 아이는 그것을 대화로 생각하지 않고 잔소리라고 생각한다. 한국 부모는 아이와 대화를 하라고 하면 대부분 이야깃거리를 가져간다. 즉 대화 목적을 부모가 미리 준비하는 것이다. 한국 부모는 늘 아이에게 심어줘야 할 교훈이 있어야 한다는 강박관념에 빠져 있다. 또 그럴 때만 아이와의 대화를 시도하고, 그 결론도 거의 대부분 '공부 열심히 해라'라는 말로 끝난다. 이것은 대화가 아니라 일방적인 가르침이자 권유이자 지시일 뿐이다. 그 와중에 혹시 아이가 반박하기라도 하면 곧 '대드는 반항'으로 받아들인다. 이것은 권위주의이다. 권위를 가지는 것과 권위주의는 전혀 다르다. 부모는 권위가 있어야 한다. 하지만 권위주의자가 되어서는 안 된다.

하루 10분, 아이에게 집중해서 대화하라

한 조사에 따르면 한국 아빠들이 자녀와 함께 보내는 시간은 하루 평균 15분, 자녀와 얼굴을 마주하는 횟수는 2.7회에 불과하다. 유대인이 자녀 교육에 성공하는 이유는 가정에서 자녀와 보내는 시간을 잘 활용하기 때문이다. 유대인 부모는 대부분 오후 4시에 퇴근하는데 그때부터 아이가 잠자리에 드는 저녁 9시까지 온전하게 아이와 함께한다. 그리고 부모 각자가 할 일은 아이가 잠든 후에 한다. 엄마, 아빠가 모두 아이에게 집중하여 아이와 함께 저녁 시간을 보내는 데 최선을 다한다.

아이들은 집에서 무엇을 먹고 자라는가? 사랑과 감동을 먹고 자란다. 사람은 누군가가 자신에게 감동해 줄 때 성장한다. 걸음마를 떼기 시작할 때 부모는 아이가 제대로 걷지 못하는데도 잘 걷는다며 칭찬하고 감동해 준다. 그 감동을 먹고 아이는 걸을 수 있다. 말을 배우기 시작할 때 부모는 아이가 옹알이만 해도 칭찬하고 '엄마, 아빠'라고 어설프게 부르기만 해도 감동한다. 그 감동을 먹고 아이는 말을 할 수 있다. 감동은 지시와 명령과 훈계가 전부인 건조한 대화에서는 결코 일어나지 않는다. 아이를 한 인격체로 존중하고 감정을 나누며 대화를 할 때 진심 어린 감동이 전해지고 행복감으로 충만해진다.

행복은 행복한 그림을 보여줄 때 이루어진다. 아이는 부모와의 대화 속에서 행복한 그림을 그리고 행복을 창출한다. 이런 유대인 교육의 가장 큰 장점은 현대인들이 추구하는 '행복과 성공'을 동시에 얻는다는 데 있다. 그 비결은 다름 아닌 가족 하브루타이다. 가정에서 부모와 자녀 사이에 나누는 질문과 대화와 토론은 부모와의 안정적인 애착을 충분히 형성하여 아이가 행복감에 젖게 하는 동시에 아이의 뇌를 계발하여 성공하도록 이끈다. 가족 하브루타는 행복과 성공을 가져다주는 양날의 보검인 것이다.

가족 하브루타는 지속성이 생명이다. 몇 달이나 몇 년 하고 마는 것이 아니라 조금씩이라도 꾸준히 하는 데 그 성패가 달려 있다. 유대인에게는 하브루타가 곧 그들의 삶이다. 설령 아이가 자라서 결혼하고 독립하더라도 그들은 일주일에 한 번은 꼭 만나 안식일 식탁에서 행복을 서로 나눈다. 그래서 그들에게 가족 하브루타는 평생인 것이다.

자녀가 성공하고 행복하게 살기를 바라는가? 거실을 토론의 장으로 만들어라. 식탁을 대화의 장으로 만들어라. 대화가 막힌 가정에서 토론을 잘하는 자녀가 나올 수 없다. 이 책을 통해 다른 것들은 다 잊더라도 '매일 10분씩 자녀에게 집중해서 대화하라'는 말만 실천하면 가정이 바뀌고 삶이 바뀔 것이다. 그것이 가족의 행복과 성공을 가져다주는 단 하나의 핵심 비결이다.

'듣는 교육'에서 '묻는 교육'으로

질문하는 아이 vs. 듣고 외우는 기계

"오늘 선생님 말씀 잘 들었니?"

학교에서 돌아온 아이에게 한국 부모가 가장 많이 묻는 말이다. 우리에게 공부란 선생님의 설명을 잘 듣고, 잘 받아 적고, 잘 외우는 것이다. 하지만 유대인 부모는 다르게 묻는다.

"오늘 학교에서 어떤 질문을 했니?"

한국 부모는 아이를 학교나 학원에 보내면서 으레 "떠들지 말고 선생님 말씀 잘 들어라"고 말하지만 유대인 부모는 "많이 떠들고 많이 질문해라"고 말한다. 그들은 얌전히 앉아서 말 잘 듣는 착한 아이가 커서 훌륭한 어른이 된다고 생각하지 않는다. 그들은 자녀들이 더 많이 묻고 자기 생각을 거침없이 이야기하는 아이가 되길 바란다. 그래서 아이가 어려서부터 스스로 생각하고 질문하는 습관을 갖도록 모든 노력을 기울인다.

한국 학생들은 하루에 길게는 15시간 이상씩 학교, 학원, 과외 교사에게 계속 듣는 공부만 한다. 이런 방식의 교육이 지능지수 높은 우리 학생들을 오히려 외우는 기계로 만들어버린 것이다. 질문과 토론을 통해 자기 생각을 정리해서 입으로 말하지 않으면 아무리 배워도 자기 것이 되지 않는다.

한국인은 듣는 것을 강조하지만 유대인은 묻는 것을 권장한다. 유대인에게 그대로 외우고 똑같이 받아쓰는 일은 있을 수 없다. 그들은 아무리 훌륭한 가르침이라도 일방적으로 전해지는 것이라면 의미가 없다고 생각한다. 공부란 상호 소통을 전제로 하기 때문이다. 그래서 그들에게 좋은 교사는 지식을 잘 전달하는 사람이 아니다. 아이들에게 생각하게 하고 질문하게 하고 깨닫게 하며 그것이 실천으로 이어지도록 이끌어주는 멘토 역할을 하는 사람이다. 학생을 잘 가르치는 사람이 아니라 학생이 스스로 잘 배울 수 있도록 도와주는 사람이야말로 유능한 교육자인 것이다.

『천재가 된 제롬』을 쓴 에란 카츠는 이렇게 말했다. "유대인 학생들은 재미가 없으면 자리에서 벌떡 일어나 세상에서 가장 중요한 문제에 대해 이야기하듯이 선생님과 친구들에게 질문을 던지고 논쟁을 벌인다. 호기심을 갖고 질문을 하는 자세를 가져야 한다. '계속 질문하기'가 어린이들이 지식을 얻는 데 가장 좋은 방법이다."

그리고 유대인이 노벨상을 많이 받고 두각을 나타내는 이유에 대해 그는 "학교에서 언제나 질문하도록 격려하고 토론 수업에 치열하게 참여하기 때문이며, 무엇이든 질문하는 습관이 지식 습득의 가장 좋은 방법"이라고 말했다. 눈으로만 책을 읽으며 얻은 지식은 쉽게 잊게 되지만, 질문하고 토론해서 얻은 지식은 머릿속에서 잘 지워지지 않는다. 대화와 토론에 적극적인 사람의 기억력이 매우 뛰어난 이유이다.

교육에서 가장 중요한 것은 정답을 아는 것이 아니다. 스스로 알고 싶은 마음을 공부 동기 삼아 질문을 제기하고 그 의문을 풀어가면서 깊고 넓게 생각하는 것이 훨씬 중요하다. 그래서 나는 대학에서 강의를 하기 전에 교재나 논문을 읽고 반드시 질문을 만들어 오라고 말한다. 그렇지 않으면 한국 대학생들은 좀처럼 질문하지 않기 때문이다. 그렇게 스스로 준비해 온 질문조차도 자기 이름이 불려야 겨우 입을 뗀다. 그것도 노트를 보고 그대로 읽는 수준에 머문다. 그러나 강의에 하브루타를 본격적으로 도입한 이후로는 학생들이 많이 달라졌다.

질문은 그 사람의 모든 것을 보여준다. 강의 교재를 얼마나 읽었는지, 어디까지 알고 있는지, 어느 정도까지 이해하고 있는지를 정확하게 알 수 있다. 아는 만큼, 이해한 만큼 질문하기 때문이다. 그래서 유대인은 질문을 통해 그 사람을 평가한다. 정답이 아니라 질문을 가지고 평가하는 것이다. 또한 질문 속에는 그 사람의 창의적인 생각이 들어 있다. 누구나 떠올릴 수 있는 일반적인 질문과, 그 사람만의 색다른 시각으로 고민한 질문 중 당신은 어느 것을 선택하겠는가?

　이렇게 질문을 만들고, 그 질문을 제기하고, 상대방의 질문에 답변할 논리와 증거를 대려면 생각하지 않으면 안 된다. 선생님이 가르쳐주는 대로 듣기만 하는 경우와 스스로 책을 읽고 질문을 만들어 서로를 가르치면서 공부하는 경우, 어떤 것이 효과적이겠는가? 우리가 기계처럼 지식을 저장하느라 애쓰는 동안 유대인은 지식을 이용할 줄 아는 지혜를 쌓고 있고, 우리가 단편적인 암기 능력을 키우는 동안 유대인은 어느 상황에서도 응용력을 발휘하는 고등 사고방식을 배우고 있다.

　유대인들이 가장 많이 하는 질문 가운데 하나는 "너는 어떻게 생각하느냐?"이다. 그들의 토론은 '나의 생각'과 '너의 생각'을 묶어 '우리의 생각'을 창조하도록 돕는다. 토론은 논리적인 훈련인 동시에 합리적인 사고와 습관을 가진 건전한 인간을 만드는 과정이다. 이런 토론은 개개인의 인격과 개성을 중시하는 교육으로 연결된다.

만들어진 우등생

　한국은 유치원부터 초등학교, 중학교, 고등학교, 심지어 대학까지 20년 가까이 계속 '교사가 말하고 학생이 듣는' 교육으로 일관한다. 아무리 실험 중심, 체험 중심, 열린 교육 등을 부르짖어도 학생은 앉아서 듣고 교사는 서서 설명하는 형태의 교육을 벗어나지 못한다. 수동적으로 선생님 말씀을 듣고 그 내용을 공책에 받아 적으면서 조용히 앉아 있는 학생들, 그리고 학생들의 질문이나 궁금증에는 별 관심 없이 그저 자신이 준비해 온 학습 내용을 단순히 전달하는 선생님, 이것이 전형적인 한국의 교실 풍경이다.

그렇게 타성적으로 주입식과 암기식 교육에 익숙해져 있다 보니 다른 질문이나 생각을 할 여지가 없다. 왜 그렇게 되는 것인지 질문하지 않게 되고, 그것이 합리적인 근거가 뒷받침되는 결론인지 따져보는 일도 거의 없다. 물론 우리도 학생들에게 토론 시간을 갖게 하고 체험 학습도 시키지만, 그 목적은 가르치고자 하는 내용을 잘 전달하는 데 있을 뿐, 학생들이 무엇에 흥미를 느끼고 스스로 얼마나 생각하는지 따위에는 관심이 없다. 그것은 학생 각자의 책임으로 돌아간다.

한국 학생들은 탁월한 암기력, 정답을 귀신처럼 찾아내는 능력, 단답형 형태로 알고 있는 지식을 재빨리 답변하는 능력으로는 타의 추종을 불허한다. 그러나 그 모든 것이 이름 있는 대학에 입학하고 큰 회사에 취직하는 시험을 위한 것이다. 공부에 대한 즐거움도 모르고 스스로 공부를 좋아할 기회도 빼앗긴 아이들은 수능이 끝나면 교과서를 버리고 취직만 하면 책과 담을 쌓는다.

학교에서는 교사에게 듣는 수업을, 학원에서는 강사에게 듣는 수업을, 집에서는 인터넷 강의나 과외 교사에게 듣는 수업을 받은 학생이 밤잠 안 자고 공부해서 서울대, 아니 한국인의 지상 목표인 미국 아이비리그 대학에 입학했다고 하자. 한국 부모들은 '이제 됐다'고 생각할 것이다. 하지만 그때부터 시작이라는 것이 문제이다. 어렵고 힘들게 공부해서 미국 명문대에 입학한 한국 학생 10명 중 4.4명이 중도에 학업을 포기한다는 충격적인 사실 앞에서 한국 부모들은 당황해한다.

재미교포인 김승기 박사는 '한인 명문대생 연구'라는 논문을 통해 1985~2007년 하버드·예일·코넬·컬럼비아·스탠퍼드 등 14개 명문대에 입학한 한국인 학생 1,400명을 분석한 결과, 그들 중 56퍼센트인 784명만 졸업하고, 나머지는 도중에 그만둬 중퇴율이 44퍼센트에 달한다고 밝혔다. 이는 유대인 중퇴율 12.5퍼센트, 인도인 21.5퍼센트, 중국인 25퍼센트보다 훨씬 높은 수치이다. 한국인 학생들의 중퇴율이 높은 이유로, 그는 학부모의 지나친 입시 위주 교육을 지적하면서 이것이 미국의 대학 생활과 사회 진출에 걸림돌이 되고 있다고 설명했다. 논문에 따르면 한국인 학생들은 대학 입학을 위해 시간과 노력의 75퍼센트를 공부에 투자하고 나머지 25퍼센트만 봉사와 특별활동 등 기타 활동에 할애한 반면, 미국의 일반 학생들은 공부와 기타 활동에 반반씩 투자하는 것으로 응답해 차이를 보였다.

한국에서는 입시 위주의 교육에 매달리다 보니 인격적인 수양을 쌓거나 창의적인 사고 체계를 갖추지 못하는 경우가 대부분이다. 즉 명문대에 들어가는 데만 각고의 노력을 기울이지, 정작 들어간 다음에는 어떻게 공부할지, 그 대학이나 학과가 정말 자신에게 맞는지에 대해서는 생각하지 않는다는 것이다.

미국 대학에서는 거의 대부분 서로 토론하고, 대안을 제시하고, 그룹 프로젝트를 수행하고, 실제 현실의 삶에 적용해 보는 등 수업이 다양한 형태로 진행되기 때문에 책상에 앉아서 공부만 해온 한국 학생들이 따라가기가 어렵다. 더구나 부모에게 등 떠밀려 공부해서 명문대에 들어간 경우에는 내적 동기가 약하여 스스로 공부의 의미를 찾지 못하고 방황하다가 밀려나게 된다. 이것이 대부분 한국 부모나 학교 교사, 학원 강사에 의해 '만들어진 우등생'의 현실이다.

'마침표 질문'에서 '물음표 질문'으로

1970~1990년대에 재미교포가 많이 사는 미국 주요 대도시의 한인 신문에는 졸업 시기마다 자랑스러운 소식이 신문 1면을 도배하곤 했다. 대부분 '○○고 수석 졸업생 ○○○ 하버드대 입학, ○○고 졸업생 ○○○ 예일대 입학' 같은 헤드라인이었다. 한인들이 많은 동네의 고등학교들은 거의 예외 없이 한국 교포가 수석 졸업을 싹쓸이하다시피 했다.

그렇다면 미국인들의 상식으로는 20~40년이 지난 지금, 당연히 그 학생들이 대학에서도 우수한 성적을 거두고, 졸업 후에는 각계각층에서 두각을 나타내야 한다. 그러나 현실은 그렇지 못하다. 극소수를 제외하고는 대부분 중간에 포기하고 말았다. 대학에 들어가 뛰어난 실력을 빛내기는커녕 간신히 졸업한다손 치더라도 나중에 취업해서는 더 더욱 힘들어한다.

    거의 모든 한국계 학생들은 남과 어울려 소통하면서 프로젝트를 진행하거나 질문과 토론 중심으로 해결책을 찾아가는 미국의 대학 문화에 적응하지 못했다. 한국 유학생들이 영어로 토론하는 실력은 다른 나라 학생들에 비해 매우 뒤떨어진다. 심지어 뉴욕대에 재학 중인 유학생 김형석은 『중앙일보』와의 인터뷰에서 "한국 학생들은 '질문을 안 하면 중간은 간다(No question is smart)'고 생각하지만, 미국에서는 '질문을 안 하면 바보(No question is stupid)'로 여긴다"고 말하기도 했다. 이제 토론 문화와 토론 교육은 세계적인 흐름이다.

    미국 아이비리그 대학에 들어가겠다는 외적 동기를 가지고, 그것만을 위해 모든 것을 희생하면서 '만들어진 성적'으로 입학하는 데까지는 성공했지만, 딱 거기까지이다. 자신이 목표했던 대학에 입학한 한국 학생들은 이제 더 이상 무엇을 해야 하는지 몰라 공허감에 사로잡힌다. 왜 그토록 미친 듯이 공부해 왔는지 회의에 빠지고, 그동안 미뤄 놨던 사춘기의 고민과 청춘의 갈등까지 겹쳐서 머릿속에는 온갖 고민거리들이 태풍처럼 휘몰아친다. 설령 마음을 다잡고 책을 읽고 공부를 하더라도 질문, 토론, 논쟁과 프로젝트 중심의 대학 문화에 적응하지 못한다. 책에 있는 내용은 잘 발표하지만, 대학에서는 자신의 견해와 생각을 요구하고 강의도 다른 사람과 함께하는 그룹 프로젝트로 진행되기 때문에 책상에 앉아서만 공부했던 한국 학생들은 어려움을 겪지 않을 수 없는 것이다.

우리나라 학교에서 "저요, 저요" 하고 손을 드는 학생들을 보면 질문 교육을 잘하고 있는 것처럼 생각하기 쉽다. 하지만 "저요, 저요"는 두 가지 경우가 있다. 하나는 선생님의 질문에 답변하기 위해 손을 드는 것이다. 하지만 이것은 사지선다와 크게 다르지 않다. 종이에 문자로 표현되어 있는 문제 풀이를 말로 하는 것뿐이다. 물론 말로 하는 것이 종이에 인쇄된 문제를 푸는 것보다는 백 번 낫다. 다른 하나는 선생님에게 질문할 것이 있거나 호기심이 생겨서, 혹은 잘 몰라서 손을 드는 경우이다. 내적 동기에 따른 자발적인 호기심과 스스로 학습하려는 의지를 전제로 하므로 의미 있는 "저요, 저요"인 것이다.

하지만 우리나라 교실에서 "저요, 저요" 하고 드는 손은 대체로 선생님의 질문, 즉 말로 내는 문제에 정답을 맞히기 위한 것이다. 우리 교육에 절실한 것은 대답의 "저요, 저요"가 아니라 질문의 "저요, 저요"이다. 대답으로서의 마침표 질문이 호기심으로서의 물음표 질문으로 바뀌지 않는 한, 그리고 듣는 교육이 묻는 교육으로 바뀌지 않는 한 우리 교육은 제자리걸음에서 벗어나기 어려울 것이다.

높은 성적보다
탄탄한 실력을 쌓아라

성적표를 찢어라

"유대인 교육과 한국인 교육이 다른 점은 주입식이냐 창의식이냐, 부모가 주도하느냐 부모가 뒷받침하느냐, 단순 암기식이냐 문제 해결식이냐 등에 있는 것으로 보인다. 나는 한국에서 한의학을 전공했고 히브리대학원에서 의학을 공부했다. 그런데 의학도 토론식으로 공부하고 창의적인 사고를 중시하는 데 놀랐다. 한국에서는 무조건 외워서 시험을 본 다음에 바로 잊어버리기를 반복했다. 그러나 이곳의 시험은 대부분 '오픈 북'으로 치러진다. 문제 상황을 제시하고 그동안 배운 내용과 책에 있는 내용을 종합해서 어떻게 적용하고 활용할 것인지 쓰게 한다. 의학 공부도 창의적으로 할 수 있다는 점에서 감탄했다."

이 말은 한의사로 이스라엘에 가서 의학을 또 공부한 류모세 선교사가 나와 인터뷰하면서 이야기한 것이다. 한국인과 유대인 교육의 차이를 극명하게 보여주는 말이다. 한국인은 성적과 등수에 매달리지만, 유대인에게는 숫자로 표시되는 성적이라는 개념 자체가 거의 없다. 그들의 시험은 모두 서술식으로 철저하게 사고력 자체를 기르는 데 중점을 둔다.

우리나라는 아이든 부모든 모두가 성적을 좇는 삶을 살고 있다. 아이까지 성적에 집착하는 것은 오로지 높은 성적을 지향하는 부모 탓이다. 그 같은 성적 지상주의로 인해 부모와 아이 모두의 불안지수가 높아지기만 한다. 그로 인해 여러 가지 부정적인 증세가 나타난다. 손이 떨리고 집중력이 떨어지거나, 성격이 난폭해지며 마음도 약해지고, 다른 사람을 배려하지 못하고 감수성마저 둔해진다.

성적과 실력은 다르다. 성적은 시험을 잘 봐서 높은 점수와 등수를 받는 것이다. 실력은 자신에게 맡겨진 일이나 문제를 바르게 처리할 수 있는 능력이다. 영어 성적이 높아서 항상 1등이고 100점을 맞더라도 외국인을 만나 실제로 대화를 나누지 못한다면 아무런 의미가 없다. 이것이 성적은 좋지만 실력이 없는 대표적인 예이다. 학교에서 영어를 배우는 이유는 영어 시험을 잘 봐서 높은 성적을 받기 위한 것이 아니다. 다른 나라의 언어를 배우는 이유는 다른 나라 사람들과 의사소통을 하기 위한 것이다. 그 사람들의 문화와 지식을 배우고 그들의 생각을 앎으로써 우리의 지성과 사고를 넓고 깊게 하여 삶을 기름지게 가꾸기 위한 것이다.

　이렇게 성적과 실력이 어긋나는 현실은 주변에서 너무도 쉽게 목격할 수 있다. 도덕이나 윤리 과목의 성적은 높아도 교통질서를 어기거나 거짓말을 밥 먹듯이 하는 사람들이 아주 많다. 미술 성적은 좋지만 미술관에서 예술작품을 감상하는 능력과는 상관이 없다. 국어 성적은 높지만 글을 잘 쓰거나 교양 있는 언어를 구사하는 것과는 거리가 멀다. 과학이나 수학 성적은 좋지만 실제로 발명을 하거나 수학적인 사고를 통해 삶을 개선하는 것과는 관계가 없다. 이런 모든 것이 실력을 기르기보다는 성적만 중시해 온 우리 교육을 너무나 잘 보여준다.

　이와는 반대로 유대인 교육은 성적과 전혀 상관없는 것처럼 보인다. 토라를 암송하고 느낀 바를 발표하고 그것을 삶에 어떻게 적용하며 살 것인가에 대해 대화하고 토론하는 데 더 많은 시간을 할애하기 때문이다. 탈무드를 공부하면서 소가 사람을 받았을 때 어떤 경우에는 배상을 해야 하고 어떤 경우에는 배상을 하지 말아야 하는지, 현대의 상황과는 전혀 맞지 않아 보이는 문제를 가지고 몇 시간씩 격렬하게 논쟁하는 것이 성적과 무슨 상관이 있을까? 하지만 그들은 탈무드에서 누가 어떤 주장을 했는지에 대해 객관식이나 단답형 시험을 보는 일 따위는 상상도 하지 못한다.

　일반 교육을 통해 지식을 얻을 수는 있다. 그러나 지혜를 얻기는 어렵다. 이제 지식은 컴퓨터나 스마트폰 등 인터넷을 통해 무한정 접할 수 있는 시대에 살고 있다. 그런데 우리는 집에서든 학교에서든 아직도 시험에서 정답을 찾을 수 있는 지식을 머리에 넣는 데 모든 시간과 정력을 낭비하고 있다. 전달식, 주입식, 암기식 교육을 통해서는 다른 사람을 배려하고 더불어 살아가는 사고를 가르치기 어렵다. 이기주의, 개인주의, 님비 현상, 지역이기주의, 철밥통 등의 용어들은 현대 사회가 얼마나 자기중심적인 사고와 행동을 하는지 잘 보여준다.

팔방미인을 만드는 것이 교육 목적은 아니다. 그러나 현재 우리 교육의 지향점과 부모의 바람은 아이를 '엄친아', 혹은 '팔방미인'으로 만드는 것이다. 즉 국어, 영어, 수학, 과학, 도덕 등 모든 과목에서 만점을 받고, 심지어는 운동, 노래, 그림 실력마저 1등이 되길 바란다. 하지만 팔방미인은 오히려 성공하기 어렵다.

성공은 목표를 가지고 그것을 향해 집중하는 데서 시작된다. 그러나 팔방미인은 어느 한 가지에 집중하기 어렵다. 여러 가지를 잘하면 관심사가 흩어지기 마련이고 자기 역량을 한곳에 모으기 어렵다. 공부도 잘하고, 운동도 잘하고, 음악도 잘하는 등 모든 영역을 잘하는 다방면의 능력이 중요한 게 아니다. 비록 조금 부족하더라도 자신이 잘하는 각 영역을 극대화하여 정말 자신 있는 일을 찾아 풍성하게 가꿔가는 것이 중요하다.

우리는 모든 것을 잘해야 실력 있는 사람이 되어 성공적인 인생을 살 수 있으리라고 생각하지만, 사실은 그렇지 않다. 진정 실력 있는 사람이란 비록 부족한 점이 있어도 그것을 있는 그대로 인정하고, 즉 몸이 허약하면 허약한 대로, 머리가 나쁘면 나쁜 대로, 의지력이 떨어지면 떨어지는 대로 그 약점들을 보완해 가면서 자신의 소질과 적성을 최대로 발휘하여 인생을 승리로 이끄는 사람이다.

유대인은 수많은 대화와 토론을 통해 자신이 잘하는 것을 스스로 발견하고, 또 그것을 스스로 지향한다. 부모는 자녀를 끌고 가는 것이 아니라 단지 자녀가 스스로 생각할 수 있도록 자극하고 격려하며 그 여건을 마련해 준다. 그래서 유대인은 고등학교 때까지는 그다지 두드러지지 않다가 하브루타를 통해 탄탄해진 실력을 가지고 대학에 입학하면서부터 본격적인 제 실력을 발휘하기 시작한다.

『정의란 무엇인가』로 유명해진 하버드 강의에서도 볼 수 있는 것처럼, 미국 대학의 수업은 대부분 질문과 토론 중심이다. 책에 쓰여 있는 다른 사람의 의견을 요구하는 것이 아니라 자기 생각을 토대로 한 의견을 요구한다.

한국 학생들은 초등학교, 중학교, 고등학교 10년이 넘도록 한두 뼘 앞의 책만 보고 산다. 그들이 고민하는 것은 중간고사와 기말고사, 그리고 대학 입시이다. 자기 자신이나 인생, 삶, 세상 등에 대해 고민할 여력이 없다. 그래서 고등학교를 졸업하자마자 책이나 공부는 평생 원수가 된다. 학생들은 수능이 끝나면 책을 모아놓고 불을 지른다고 한다. 얼마나 공부가 싫고 책이 미웠으면 그렇겠는가? 진짜 공부는 이제부터 시작인데도 말이다.

아이를 '정답의 노예' 아닌 '해답의 주인'으로 키워라

탈무드는 처음부터 끝까지 온갖 질문에 대한 논쟁적인 답변들로 가득하지만, 아무리 허황한 주장일지라도 무시하지 않는다. 또한 모두가 수긍할 수밖에 없을 만큼 완벽한 논리로 해답을 제시했더라도 이것이 정답이라고 인정해 주지도 않는다. 문제를 바라보는 시각이 사람마다 다를 수 있으므로 '옳고 그르다'는 이분법을 가능한 한 지양하기 때문이다. 유대인의 대화와 토론은 개개인 각자의 생각과 해석을 공유하고, 갖가지 대안들에 대한 시각을 이해하며, 여러 사람들이 다양한 방법으로 의미를 만들어가는 과정이다.

탈무드는 한 가지 관점만이 아니라 다양한 관점을 담고 있다. 때론 매우 혼란스러운 관점이 제시된 답보다 더 많은 질문을 낳으며 사람들의 사고력과 논리력을 연마시킨다. 이것은 진실을 추구하는 사람들에게 매우 소중한 것이다.

우리 교육의 가장 큰 문제는 텔레비전의 퀴즈 프로그램처럼 '정답 맞히기'에 모든 시스템이 집중되어 있다는 점이다. 하지만 정답이나 지식에 대한 정보는 인터넷에서 검색만 해도 누구나 쉽게 얻을 수 있다. 이젠 사고력이 중요하고, 한 가지 문제나 상황에 대한 여러 시각과 해답이 중요하다.

정답은 옳다고 정해진 답을, 해답은 풀어낸 답을 말한다. 정답은 대부분 하나이지만, 해답은 각자가 풀어낸 답이기에 매우 다양하다. 정답에는 'O'와 'X'만 있지만, 해답에는 최선책도 있고 차선책도 있다.

우리는 기본적으로 초등학교부터 고등학교까지 12년 동안 정답 찾기 시험을 수백 차례 치른다. 그래서 하나의 정답을 찾아내는 데는 귀신이다. 내용을 전혀 몰라도 정답을 찾아낼 수 있는 탁월한 능력이 있다. 예를 들어 과학의 경우, 한국 학생들은 주로 과학의 결과를 배운다. 과학적인 사고방식을 구축해야 할 시점에 과학의 결론만 달랑 외우는 셈이다. 그것은 이미 누가 만들어놓은 것을 받아먹기만 하는 것과 같다.

우리 삶은 중간고사, 기말고사, 대학입학시험, 취직 시험 등 일련의 시험 치르기 과정이나 다를 바 없으며, 오로지 그것을 잘해내기 위해 공부한다. 그런 탓에 시험만 보고 나면 그동안 공부한 지식들을 모두 잊어버리고, 다시 시험 때가 되면 그 지식들을 다시 채우는 행동을 다람쥐 쳇바퀴 돌듯 반복한다.

탈무드에 나오는 현자들 가운데 랍비 예후다 하나시는 "공부가 즐거워야 비로소 잘 기억한다"라고 말했다. 또한 기억과 망각의 곡선을 발표한 독일 심리학자인 헤르만 에빙하우스에 의하면 "인간은 기억한 것의 50퍼센트를 불과 1시간 이내에 잊어버리고, 하루에는 70퍼센트를, 1개월 후에는 거의 대부분을 잊어버린다"고 한다. 그러나 자신에게 흥미로워 관심을 보이며 즐겁게 배운 것은 대부분 기억하고 장기기억으로도 30퍼센트가 남는다는 것이다.

우리는 열심히 공부해도 즐겁지 않으니 시험에서 정답을 맞히는 목적을 달성하고 나서는 결국 모두 잊어버리지만, 유대인은 자신의 관심 분야에 대해 호기심을 갖고 공부하면서 많은 것들을 기억한다. 이런 유대인 학생은 자유롭고 유연하며 틀에 얽매이기를 거부한다. 한국 학생은 목적을 달성하기 위해 쉼 없이 달려가는 데만 열중하지만 유대인 학생은 그 과정을 즐긴다. 한국 학생이 단기전에 강하다면 유대인 학생은 장기전에 강하다.

언젠가 한 인터넷 게시판에 '만일 아인슈타인이나 에디슨이 한국에서 태어났다면 어떻게 됐을까?'라는 제목의 글이 올라온 적이 있다. 그에 대해 네티즌들은 아인슈타인이 학교에서 쫓겨났거나, 수학과 물리학만 잘하고 다른 과목은 성적이 좋지 않아 대학에도 가지 못했을 것이며, 에디슨도 학교에서든 사회에서든 왕따를 당했거나 여러 발명품을 만들어도 각종 규제 때문에 빛을 보지 못했을 것이라는 자조 섞인 댓글을 달았다.

미국에서는 하루에 2만여 편의 논문이 쏟아진다. 1년이면 730만 편이다. 이제 논문을 많이 생산하는 것은 별 의미가 없어졌다. 정보가 차고 넘치는 정보화 시대가 아닌가? 정보화 시대에는 지식과 정보를 얼마나 많이 알고 있는가가 중요한 것이 아니다. 자신에게 필요한 지식과 정보를 분별하고 판단할 수 있는 능력, 지식과 정보를 종합하고 융합할 수 있는 능력, 그래서 새로운 의미와 가치를 창출할 수 있는 능력이야말로 진짜 중요한 것이다.

정보화 시대의 교육은 학생들로 하여금 '무엇인가를 알게 하는 것'이 아니라 '무엇인가를 할 수 있는 능력'을 키우는 방향으로 변하고 있다. '알고 있는 것'보다 '할 수 있는 것'이 훨씬 중요한 세상이다. 알고 있는 인재는 머리만 있으면 되지만, 할 수 있는 인재는 머리 외에 마음과 정신도 제대로 준비돼야 한다. '답을 빨리 아는 것'이 아니라 질문과 토론을 통해 '스스로 답을 찾게 하는 것'이 중요하다.

한국의 모든 학교들이 '창의적인 인재 양성'이라는 모토를 내걸고 있다. 그렇게 창의적인 인재를 양성하기 위해서는 우리가 알쏭달쏭하고 양면성을 가진 '퍼지 사고력'의 소유자들을 보호하고, 그들이 아이디어를 마음껏 발휘할 수 있는 환경을 구축해 줘야 한다. 조벽 교수가 강조하는 퍼지 사고력은 여러 가능성을 추구하는 다차원적이고 입체적인 사고력을 말한다.

창의성은 무엇을 요구하는 것이 아니라 허용하는 것이다. "야, 창의적으로 좀 생각해 봐!"라고 요구하는 순간 창의력은 위축된다. 실패에 대한 두려움이 커지는 것이다. 창의성은 '엉뚱한 면들을 있는 그대로 받아주고 많은 시도들을 격려하는 과정'에서 샘솟는다.

천재적인 아이는 공부를 잘하는 아이가 아니라 남과 다른 아이라는 것이 유대인의 생각이다. 창의성은 0.1퍼센트의 싸움이다. 남과 다른 생각, 남과 다른 호기심이 아이를 창의성의 세계로 이끈다. 물론 호기심이 항상 바람직한 결과로 이어지는 것은 아니다. 호기심은 때론 집중력을 흩뜨리거나 목표를 잊게 하고 번번이 주제에서 벗어나게 하기도 한다. 성급한 교사나 부모들은 그런 상황을 달가워하지 않는다. 하지만 그렇다고 호기심을 허용하지 않고 막아버리면 아이는 더 이상 궁금해 하지 않는다. 그 결과 창의성과도 점점 멀어지게 된다. 호기심은 창의성으로 통하는 최초의 관문이기 때문이다.

바둑이나 체스가 논리력이나 사고력을 키운다고 생각할 수 있다. 그러나 집중력에는 도움이 될지 모르지만 '생각'과 관련된 능력은 키워주지 못한다. 이런 게임에는 언어가 없기 때문이다. 언어를 배제하고서는 논리력도 사고력도 이야기할 수 없다. 그래서 하브루타는 논리적이고 비판적인 사고력을 키우는 데 최고의 방법인 것이다. 그런데 이것은 반드시 상상력과 결합할 때만 제대로 자랄 수 있다. 상상력은 논리에 '사실'이라는 새로운 요소를 결합시키는 매개체이다. 그래서 상상력은 현실을 더 잘 보게 만든다. 상상력은 창의성과 연결되고, 창의성이란 '다름과 새로움'을 전제로 한다.

유대인은 늘 스승과 다른 시각을 가지도록 격려한다. 나중에 옳은 생각이 아닌 것으로 결말이 날지언정 그들은 반대 의견을 매우 중시한다. 세상에는 완벽한 정답이 존재하지 않으며, 각각의 주체적인 의견이 중요하다는 것이다. 남과 다른 것을 개성으로 여기고, 그것을 찾아 격려하는 게 유대인 교육의 힘이다. 아이에게 이래라저래라 하지 않고 스스로 원하는 것을 하도록 한다.

우리는 '다름'과 '틀림'을 혼동하곤 한다. 그래서 내 생각과 다르면 틀렸다고 생각한다. 그러나 다른(different) 것과 틀린(wrong) 것은 전혀 다른 것이다. 내 생각과 다르다는 것을 인정하고 이해하려는 노력이 필요하다. 오히려 다양한 생각과 시각을 장려해야 창의성이 발달하고 새로운 시도가 가능해진다.

유대인은 지식의 맹목적인 주입을 교육으로 간주하지 않는다. 유대인 교육은 우리처럼 암기에 의존하여 시험에서만 이겨야 하는 전투형 교육이 아니다. 그들은 우선 지식에 대한 근본적인 개념을 이해시킨다. 이 개념이 구체화돼야 새로운 문제에 직면했을 때 풍부한 상상력과 창의력을 발휘해서 해결 능력을 높일 수 있다고 보는 것이다. 그래서 그들은 교육의 모든 분야에서 기초 학문을 가장 중요하게 여긴다.

한국은 '무엇(What)'을 강조할 뿐 '왜(Why)'와 '어떻게(How)'를 물을 줄 모른다. 한국 학생들은 순종을 미덕으로 삼는 유교 문화에다 주입식 교육의 영향으로 비판적인 사고에 전혀 익숙지 않다. 어떻게 비판적으로 생각해야 하는지에 대해 정식으로 배운 적이 없을뿐더러 간혹 색다른 질문을 하려고 하면 '쓸데없이 따지고 든다'는 편잔을 받기 일쑤이다.

그러나 오늘날 여러 선진국에서는 비판적인 사고를 고등교육의 최대 덕목으로 여기고 있다. 영국의 최고 명문인 옥스퍼드대와 케임브리지대에서 이뤄지는 교수와 학생 간 '튜토리얼(Tutorial, 개인 교습)'의 핵심도 '비판적인 사고의 함양'이다. 대입학력고사 격인 A레벨 시험에는 아예 '비판적 사고'라는 과목이 존재한다. 실제로 1995년 캘리포니아에 있는 68개 대학을 조사한 결과, 그중에서 89퍼센트도 '교육의 핵심은 비판적인 사고 기르기'라고 대답했다. 이렇듯 세계적인 대세를 생각해 보면 아직도 정답 맞히기 위주로 진행되는 우리의 교육 방법을 뼈저린 반성의 시각으로 바라봐야 할 것이다.

H·A·V·R·U·T·A

조기 학습은
엄마의 대리 만족용 욕심

우리 아이들은 왜 소아정신과를 찾게 됐을까?

한 아이가 온 힘을 다해 번데기 껍질을 벗고 나오려는 나비를 지켜보고 있다. 그 아이는 어린 나비의 모습이 너무 안쓰러운 나머지 좀더 쉽게 나올 수 있도록 껍질을 잘라줬다. 덕분에 나비는 껍질을 금세 벗고 쉽게 밖으로 나왔다. 하지만 나비는 날갯짓을 몇 번 하더니 그만 힘없이 땅에 떨어져 죽고 말았다. 나비는 번데기 껍질 안에서 나오려고 애쓰는 동안 날개 근육이 단련되어 하늘을 힘껏 날 수 있는 힘이 생긴다. 그런데 아이는 번데기 껍질을 잘라주는 것이 나비를 도와주는 일이라고 생각했던 것이다. 이와 비슷한 예는 자녀 교육에서 얼마든지 찾을 수 있다.

부모가 자녀를 도와준다고 하는 일들이 오히려 자녀에게 상처를 입혀 힘들게 하거나 홀로 서는 것을 방해하며 아이 자신만의 동기를 꺾는 경우가 많다. 가장 대표적인 것이 바로 조기 학습이다. 여기서 분명히 해둬야 할 것은 조기 학습과 조기교육을 혼동하지 말라는 것이다. 그렇다면 조기 학습과 조기교육은 어떻게 다를까?

조기교육은 아이를 방임하지 않고 발달단계에 맞추어 아이가 필요로 하는 것을 채워주는 교육이다. 반대로 조기 학습은 이른 시기에 한글, 영어, 숫자 등 인지적인 것을 학습시키는 것을 말한다. 조기교육은 아이의 뇌 발달에 따라 뇌가 원하는 자극과 환경을 마련해 줄 수 있지만, 조기 학습은 뇌 발달은 물론 아이의 필요나 욕구에 상관없이 부모의 욕심대로 문자와 숫자를 가르치는 것일 뿐이다.

아이의 뇌를, 무엇이든 집어넣는 대로 저장되는 무한대의 창고 정도로 생각하는 부모들은 발달단계를 무시한 채 아이에게 계속 글자를 가르친다. 글자 카드를 이용해서 '가나다'와 'ABC'를 외우게 해서 글을 읽힌다. 심지어 아이를 낳자마자 눈길이 갈 만한 곳에 한글과 알파벳과 숫자 포스터를 붙여놓는다. 고개도 제대로 가누지 못하는 아이를 위해 수십 권짜리 동화책이나 과학책 전집들을 들여놓기도 한다. 그러나 그 전집들은 여러 해 동안 책장만 장식하고 있을 가능성이 많다. 그 사이에 더 좋은 책, 더 좋은 교구는 계속 개발된다.

아이가 어렸을 때는 수십, 수백만 원짜리 교구나 전집이 중요한 것이 아니다. 아이의 뇌는 아직 숫자나 문자에 전혀 관심이 없기 때문이다. 그보다는 아이와 눈을 한 번 더 마주치는 것이 중요하고, 아이를 한 번 더 안아주는 것이 더 중요하며, 모래·흙·장난감을 가지고 아이와 10분이라도 함께 놀아주는 것이 훨씬 더 중요하다.

아이가 말을 잘하게 하고 싶다면 자주 말을 걸어주거나 이야기를 해주는 것이 가장 효율적인 방법이다. 특히 생후 6개월까지는 뇌세포끼리의 연결망이 폭발적으로 늘어나는 시기이므로 말을 많이 걸어줄수록 아이의 머릿속에 다양한 언어 회로가 생기고 뇌가 고르게 발달한다. 만일 아이가 뭔가를 싫어한다면 거기에는 반드시 이유가 있다. 그런데도 그것을 무시하고 계속 강요하면 아이는 마음의 병이 깊어질 뿐이다. 간혹 그 정도가 심해지면 소아정신과를 찾는 경우도 있다.

아이가 뭔가를 싫어하면 먼저 왜 그것을 거부하는지 그 원인을 찾아서 해소해 줘야 한다. 일반적으로 아이가 싫어하고 관심을 보이지 않는 이유는 그것이 뇌 발달상 아직 때가 아니기 때문이다. 아이의 정상적인 뇌 발달단계를 넘어서는 무리한 학습은 아무런 효과가 없다. 오히려 학습에 대한 스트레스로 인해 정신 질환이 생기는 등 심각한 부작용에 시달릴 가능성이 높다. 뇌 발달을 무시하는 어떤 교육이나 자극도 아이에게는 약이 아니라 독이 된다.

『복수당하는 부모들』에서 뇌과학과 자녀 교육의 관계를 살펴봤듯이 아이가 받는 스트레스는 내면에 부정적인 정서를 쌓게 해서 결국 자신도 모르는 사이에 부모에게 복수하는 데 가장 크게 작용한다. 이런 스트레스는 불안, 두려움, 공포를 가져올 뿐만 아니라 여러 정신장애의 원인이 된다.

아이가 스트레스를 받는 가장 큰 요인은 두 가지로 구분할 수 있다. 하나는 부모와의 애착 관계가 잘 형성되지 않았기 때문이고, 다른 하나는 뇌 발달에 맞지 않게 부과되는 지나친 학습 때문이다. 아이의 뇌가 아직 준비되지 않은 시기에 한글, 영어, 숫자 등을 가르치면 지속적으로 스트레스가 쌓이게 된다. 어린 뇌로는 도저히 감당할 수도, 이해할 수도 없는 내용이 계속 들어오는데 어떻게 스트레스를 받지 않겠는가? 그렇게 스트레스를 받은 뇌는 무의식에 부정적인 정서를 축적하고, 그것이 성격으로 나타나서 아이는 짜증 내거나 대들면서 소리 지르고 욕하고 때리는 행동들을 보이게 된다. 그것이 바로 SBS 「우리 아이가 달라졌어요」에 나오는 증상들이며, 30년 전에는 용어 자체가 없었던 '소아정신과'를 수많은 아이들이 찾게 되는 원인이다.

무엇을 할까? vs. 무엇을 하지 말까?　　　　　　　　　　･･･

무엇보다 조기 학습이 가져오는 가장 치명적인 피해는 자존감이 낮아진다는 것이다. 어려서 뇌가 준비되지 않은 상태에서 문자나 숫자를 가르치면 아이는 이해하고 배우는 데 매우 오래 걸릴 수밖에 없다. 그 과정에서 부모나 교사 등 가르치는 사람에게서 지속적으로 부정적인 말을 들을뿐더러 스스로도 마음대로 잘 안 되기 때문에 자신을 머리

나쁜 아이, 멍청한 아이로 생각하게 된다. 어릴 때 자존감이 낮아지면 나중에는 어떤 방법으로도 회복하기 어려워진다.

게다가 아이는 자신감이 없어지는 것은 물론 무조건 외우려는 습관까지 생긴다. 왜 그럴까? 부모나 주변 사람들이 영어 단어 같은 특정 지식을 외워서 말하면 마구 칭찬하면서 좋아하기 때문에 그 기대에 부응하기 위해서이다. 결국 일찍이 과도하게 시도되는 학습은 외부로부터 무조건 자극이 주어지는 형태이므로 아이가 스스로 생각하는 힘을 빼앗아버리고 만다.

조기 학습과 선행 학습은 아이의 뇌 발달을 철저하게 무시한다. 뇌 발달에 따른 결정적인 시기를 전혀 고려하지 않기 때문이다. 국가에서 교육과정을 설계하고 교과서를 만들 때는 각 교육 분야에서 내로라하는 전문가 수십 명, 수백 명이 모여 연구하고 작업한다. 연령별 아이의 뇌 발달과 심리, 그에 맞춰 배워야 하는 내용들을 전부 고려한다. 즉 초등 3학년 교과서는 초등 3학년생에게 딱 맞춰 만들어진다. 물론 중학교 1학년 교과서는 중학교 1학년생에게 딱 맞춰 만들어진다. 그러므로 중학교 1학년생이 배워야 하는 내용을 초등 5학년생이 배우기 위해서는 뇌에 심각한 무리가 가는 것을 감수해야 한다. 마음도 힘들고 몸도 힘들고 뇌도 힘들어서 결국 지쳐버린다.

미국과 한국의 초중등학교 수학을 비교해 보면, 미국보다 한국이 훨씬 어려우며 대략 1~2년 정도 앞선다. 그런데 우리는 그 어려운 수학을 다시 2~3년 선행하여 공부한다. 이런 경우 아이의 뇌가 과부하에 걸리지 않는 게 이상한 것이다. 아이는 어렵고 힘든 과정을 어떡하든 해내야 하기 때문에 공부가 싫어진다. 부모는 부모대로 학원비와 과외비를 대느라 너무 힘겹지만, 아이도 아이대로 하루 15시간 이상 재미없는 공부를 하느라 죽을 맛이다. 시간은 오래 걸리고, 돈도 많이 들고, 모두가 힘든 선행 학습을 도대체 왜 하는가? 그러면서도 스트레스 없이 천천히 공부하고 돈도 적게 들며 부모와 아이 모두 행복한 유대인보다 더 성과가 좋지 않은 까닭은 무엇인가?

　선행 학습을 하는 아이들은 학교 공부에 흥미를 잃기 쉽다. 이미 배운 내용인 까닭에 도무지 집중하기 어려운 것이다. 그래서 그 시간에 다른 공부를 하거나 딴생각을 하거나 꾸벅꾸벅 졸게 된다. 하지만 아이들은 하루 중 많은 시간을 학교에서 보낸다. 그런데 학교에서는 딴짓을 하고, 학원이나 과외를 통해 선행 학습을 하는 것이 얼마나 효과가 있겠는가?

　예습과 복습 중 어느 것이 효율적인지 생각해 보자. 효과와 효율은 약간 차이가 있다. 효과는 결과만 따지는 것이고, 효율은 경제성까지 따지는 것이다. 예습과 복습 중 어떤 게 시간이 절약되고 쉽게 접근할 수 있으며 기억하기 좋을까? 말할 것도 없이 그것은 복습이다. 같은 내용을 공부한다고 가정하자. 이미 교사와 공부한 내용을 다시 한 번 공부하는 것과 처음 접하는 새로운 내용을 공부하는 것은 시간과 노력 등에서 엄청난 차이가 있다.

　예습은 하루나 비교적 짧은 시간 이전에 미리 공부하여 교사의 설명에 대한 이해를 높이려는 것이다. 그러나 한국에서 일반적으로 이루어지는 것은 예습이 아니라 1~3년 앞서는 선행 학습이다. 우리는 복습보다 비효율적인 예습을 넘어 선행 학습에 무리하게 매달린다. 얼마나 어리석은 낭비인가? 시간은 시간대로 오래 걸리고, 돈은 돈대로 많이 들며, 아이의 에너지를 무한대로 빼앗기는 선행 학습이 너무나 일반화되어 있다. 하지만 선행 학습에 들어가는 시간과 돈과 에너지의 3분의 1만 적기 교육과 복습 교육에 투자해도 그보다 더 좋은 결과를 가져올 수 있다.

유대인 부모의 가장 훌륭한 점 하나는 자녀를 하나님이 준 선물로 여기고 하나의 인격체로 상대한다는 것이다. 한국의 경우 아이에 대한 결정을 대부분 부모가 내려주고 그에 따르게 하지만, 유대인은 비록 어리더라도 말을 할 수 있으면 아이가 선택할 범위를 제시하고 아이로 하여금 직접 선택하게 한다. 어릴 때 모든 결정을 부모가 대신 내려주면 나중에 아이가 스스로 내리는 결정들이 부모가 전혀 원하지 않은 방향일 수 있다. 왜냐하면 선택하고 결정하는 능력도 훈련 없이는 길러지지 않기 때문이다.

『행복한 천재를 만드는 행복한 두뇌』를 쓴 구로카와 이호코는 "아이가 세 살이 될 때까지는 '무엇을 할까'보다 '무엇을 하지 않을까'가 중요하다"고 했다. 아이는 아이임을 잊지 말아야 한다. 아이는 놀면서 배우는 존재이다. 부모는 그것을 가끔 잊는다.

아이의 뇌가 원하는 것은?

　무리한 조기 학습은 대부분 아이에게 필요하거나 아이가 원한다기보다는 부모의 기대와 욕심에서 기인한다. 좋다면 무조건 시키고 보는 엄마들의 마음속에는 공통적으로 이런 심리가 숨어 있다. '일단 시키면 어떻게 되겠지. 안 하는 것보다는 그래도 얻는 것이 있을 거야.' 그러면서 엄마들은 애써 불안감을 떨치고 마음의 위안을 얻는다.
　그러나 자녀 교육에 '어떻게 되겠지' 같은 생각은 금물이다. 교육은 인간을 대상으로 하기 때문이다. 만일 그 학습이 아이에게 맞지 않을 경우 정신적인 부담감, 실패로 인한 좌절감, 정서 발달의 저해 등은 이후 학습 동기를 떨어뜨리는 가장 큰 요인이 된다. 즉 평생 동안 공부하기 싫어하는 아이로 만들어버릴 수 있는 것이다. 부모는 자녀를 교육할 때 '그것을 시켜야 하는가?'에 대해 명확한 이유가 있어야 하고 '과연 누구를 위한 것인가'를 생각해야 한다. 그것이 부모의 욕심이나 불안감 때문이라면 결코 아이를 위한 것이 아니다.
　이런 조기 학습은 대부분 엄마의 자기만족을 위한 '엄마 노름'이다. 그러면서도 엄마들은 소위 '좋은 엄마 콤플렉스'에 빠져 아이를 지나치게 과잉보호한다. 하지만 지나친 과잉보호는 아이에게 폭력보다 훨씬 좋지 않은 결과를 가져온다.
　좋은 엄마 콤플렉스는 자아상이 건전하지 못할 때 주로 생긴다. 스스로 남편이나 시댁에 대해 자격지심을 갖고 있거나 공부를 하고 싶은

만큼 하지 못했을 때, 그리고 외모나 재력 등에 열등감이 있을 경우 자신을 대신할 자아상을 찾게 되고, 그 대상은 주로 자녀이다. 즉 자녀가 잘하는 것이 곧 내 얼굴을 세우는 것이고 내가 떳떳해지는 것이다. 자신의 감정이나 생각을 이야기하기보다는 자기 아이가 얼마나 똑똑한지, 얼마나 공부를 잘하는지, 얼마나 잘 크고 있는지에 대해 이야기하고 싶어 하고, 다른 사람 앞에서 자신보다 아이를 앞세운다. 간혹 아이가 다른 사람 앞에서 좋지 않은 점을 보일 때는 자신이 그런 창피를 당한 것처럼 못 견뎌 하고 자신과 아이를 동일시한다. 아이가 조금 잘 못해서 다른 아이보다 뒤처지기라도 하면 불안해져서 아이에게 뭔가를 더 시켜야 할 것 같고 계속 잘하라는 요구를 하게 된다. 이런 행동들은 자녀를 성공시키기보다 실패시킬 확률이 더 높다.

한국의 경우 대학에서 의사를 너무 많이 배출하여 대부분의 병원이나 의사나 모두 힘들어 하고 있다. 그런데 소아정신과만은 예외이다. 이곳은 아이들로 넘쳐난다. 우리 정서상 정신과에 드나들기란 결코 쉽지 않다. 그런데도 소아정신과에 그토록 많은 아이들이 들락거린다는 것은 조기 학습 열풍, 영재 교육 광풍이 빚어낸 부작용을 여실히 보여준다.

하지만 아이를 소아정신과에 데려온 부모들은 결코 자신에게 문제가 있다는 사실을 인정하지 않는다. 그들은 한결같이 아이를 사랑한다고 말한다. 자신이 얼마나 아이의 교육에 철저한지를 구구절절 설명한다. 입버릇처럼 "나는 잘 못 먹고 잘 못 입더라도 사랑하는 아이에게는 좋은 음식만 먹이고 좋은 옷을 입히면서 최고로 키우고 싶다"고 말한다. 이것은 대상만 다르지 스토커와 똑같다. 일방적인 사랑인 것이다. 아이는 그것을 할 준비가 되어 있지 않고, 심지어 하고 싶지도 않은데 일방적으로 하게 함으로써 뇌가 포화 상태로 마비되어버리는 지경에 이른다.

조기 영재 교육과 조기 인지 학습도 전혀 다르다. 조기 인지 학습은 문자나 숫자를 가르치기 위해 조기에 가르치는 것이고, 조기 영재 교육은 조기에 영재를 발굴하여 문자나 숫자 교육이 아닌 폭넓고 다양한 경험을 할 수 있도록 기회를 주는 것이다.

이스라엘 유치원에서는 거의 글자를 가르치지 않는다. 조기 학습과 조기교육을 엄격하게 구분하는 것이다. 영유아기는 심신의 균형 있는 발달과 감각 계발에 중점을 둔다. 그래서 생활 도구와 현장 중심의 체험 활동, 그룹을 통한 공동체 활동, 대화와 토론으로 이어가는 하브루타 교육, 아이들이 스스로 놀이를 선택하여 놀되 각 과목의 전문 교사가 배치되어 지도하는 '자유 놀이' 교육, 미완의 과제를 완성시키는 프로젝트 활동 등 전인 발달이라는 원칙에 충실한 활동을 다양하게 발굴하여 통합 교육을 해나간다. 유대인은 조기교육으로 유명하지만, 그들은 뇌에 무리를 주는 조기 학습이 아니라 아이의 뇌 발달에 맞게 교육하는 '조기 적기 교육'을 추구하는 것이다. 그들은 단지 아이의 뇌가 원하는 것만 줄 뿐이다.

그렇게 이스라엘의 조기교육은 모든 아이들에게 잠재 능력을 일깨우는 데 필요한 기회를 제공하기 위해 아주 어릴 적부터 시작한다. 두 돌만 지나도 아이를 엄마와 떨어뜨려 캠프 라마에 보내 두 달 정도 교육을 받게 하고, 아이에게 책을 읽어주거나 책의 내용에 대해 대화하며, 체험과 공동체 교육을 강조한다.

H·A·V·R·U·T·A

아이가 '진정 원하는 것'을 찾아라

부모의 스토커 사랑이 아이를 꼭두각시로 만든다 • • •

"유대인 엄마들과 한국인 엄마들은 미국에서도 알아줘요. 아이들 교육에서만큼은 세계 최고의 극성 엄마들이잖아요. 극성스럽다는 것만 빼면 다른 점이 더 많아요. 우선 한국 엄마들은 아이들의 목표를 자기가 정해줘요. 얘는 피아노를 시켜야지, 얘는 축구가 적성에 맞는 것 같아, 얘는 공부를 해야 해……. 이렇게 엄마들이 다 정해놓고 아이들을 거기다 밀어 넣어요. 하지만 유대인 엄마들은 아이들과 이야기를 하죠. 아이가 무엇을 하고 싶어 하는지 스스로 찾아낼 수 있을 때까지 대화를 나눠요. 엄마가 정하는 경우는 거의 없어요."

미국의 유대인과 결혼한 이진원 씨가 TV 프로그램 「SBS 스페셜」에

출연해서 했던 말이다. 그렇다면 유대인 부모는 한국 부모와 어떻게 다를까? 유대인 가정에 입양되어 하버드대에 진학한 한국계 소녀 릴리의 말을 들어보자.

"물론 저희 부모님도 교육을 무척 강조하셨죠. 하지만 절대로 다그친 적은 없어요. 그저 제 안에서 지적인 호기심이 생겨날 때까지 기다려주셨답니다. 억지로 공부를 강요한 적은 한 번도 없었어요. 다만 제가 뭔가를 생각하고 궁금해할 수 있는 환경을 만들어주셨어요."

그리고 릴리를 입양해서 키운 어머니 레이드 마골린의 말도 귀담아 들을 필요가 있다.

"릴리의 한국 친구들을 보면 새벽까지 공부하느라 잠을 설치기도 하더군요. 하지만 잠을 안 자면 인지 능력이 손상될 수 있다는 것을 알아야 합니다. 저희는 적어도 8시간은 꼭 잠을 자게 했어요. 다음 날 사고 능력을 위해서도 적절한 수면 시간은 필수적이니까요."

이처럼 유대인 가정에서는 아이에게 늘 선택의 기회를 제공한다. 아이는 말을 하기 전부터 어떤 색깔의 옷을 입을지, 어떤 신발을 신을지 등을 스스로 선택한다. 이런 선택은 아이가 커갈수록 더 중요한 일을 선택할 수 있는 기회로 확대된다. 아이 대신 모든 것을 결정해 주거나 아이에게 자기 마음대로 하도록 무한대의 자유를 허용하는 것과는 전혀 다른 것이다. 아이에게 허용해도 되는 범위를 부모가 정하고 그 범위 안에서 선택하도록 하는 것이 중요하다.

아이들은 선택할 수 있는 것에 집중해서 스스로 골랐다고 생각할 뿐 그 범위를 부모가 정했다는 사실에는 관심을 두지 않는다. 선택해도 좋을 대안들을 최대한 많이 마련하고, 그중에서 아이가 스스로 생각해서 결정하도록 하는 것이다. 이런 선택의 과정에서 아이들은 스스로 판단하면서 주체적인 인격체로 자라게 된다. 부모가 골라준 것이 아니라 자기가 선택한 것이기에 내적인 동기를 갖고 접근할 수 있을뿐더러 책임도 본인이 질 수 있게 된다. 그래서 아이들은 저절로 책임감이 길러지고 어떤 선택이든 더욱 신중할 수밖에 없다.

스스로 선택하게 하는 것과 더불어 유대인 부모들에게서 엿볼 수 있는 차이점은 절대로 자녀들끼리 서로 비교하지 않는다는 점이다. 인간은 누구나 나름대로 개성과 자질을 지녔다고 생각하기 때문에 그들은 서로를 비교하지 않고, 다만 각자의 고유한 특성과 장점을 발견하고 그것을 키우는 데 주력한다.

"형제의 머리를 비교하면 두 형제를 모두 죽이고, 형제의 개성을 비교하면 둘 다 살린다"는 유대인 격언이 있다. 사실 지능이 뛰어난 사람들만 성공하는 것은 아니다. 인간관계를 잘 가꿔서, 한 가지 일에 깊게 파고들어서, 뭔가를 잘 고쳐서, 악기를 잘 다뤄서, 그림을 잘 그려서, 운동을 잘해서 성공하기도 한다. 비교당하지 않는 자신만의 재능을 마음껏 펼칠 수 있기에 가능한 것이다. 유대인 아이들은 대화를 할 때 부모나 선생님의 눈치를 보지 않는다. 자기 의견을 솔직하게 이야기한다. 꿈도 아주 구체적이다. 두루뭉술하게 이야기하는 것이 아니라 자기 수준에서 그릴 수 있는 아주 구체적인 그림을 그린다.

하지만 한국 부모는 아이의 목표를 자신이 정하고 아이의 의지와는 상관없이 어떡하든 끌고 가려 한다. 스토커를 긍정적으로 생각하는 사람은 없을 것이다. 그런데 자녀에 대해서만은 이 스토커 사랑이 넘쳐나고 있다. 한국 부모들은 스토커 사랑을 자식 사랑인 것처럼 착각하는 경우가 많다. 스토커란 상대방이 싫어하는데도 계속 자기 사랑을 강요하는 것을 말한다. 아이는 사랑이라고 생각하지 않는데 부모는 사랑이라면서 시종일관 자신이 바라는 방향으로 나아갈 것을 아이에게 요구한다. 이것이 스토커 사랑이 아니고 무엇인가?

아이에게 무엇이 옳고 그른지를 지식으로 가르쳐주는 것은 간단하다. 하지만 아이가 스스로 왜 옳고 무엇 때문에 그른지를 깨닫는 것은 쉽지 않다. 주입식이나 전달식 교육은 단순히 지식을 전하는 데 그친다. 하지만 대화하고 토론하고 논쟁하는 교육은 지혜도 함께 전달되고 올바른 인성이 길러진다. 그렇기에 시간이 더 많이 걸리고 부모와 교사의 인내를 요구한다. 하지만 부모와 아이 사이에 대화와 토론을 통한 교육은 아이가 어릴 때부터 자연스러운 습관으로 자리 잡으면 전혀 어려운 일이 아니다.

유대인 부모는 아이에게 어떤 대학에 가라거나, 어떤 전공을 하라거나, 어떤 직업인이 되라고 지시하는 경우가 거의 없다. 그들은 자신이 원하는 대로 아이를 키우지 않고, 아이가 원하는 대로 키운다. 그들은 아이가 사회적으로 인정받는 직업에 종사하라고 강요하지 않는다. 아이의 생각이 다소 엉뚱하더라도 자신이 원하는 일이라면 든든한 상담

자와 조력자의 역할을 해준다. 그들은 단지 아이가 어려서부터 독립적인 생활을 할 수 있도록 교육할 뿐이다. 아이가 스스로 개성 있는 삶을 가꿔가는 것을 곁에서 도와주면서, 자기가 진정 좋아하는 일을 하는 것이 행복이라는 걸, 사람이 추구하는 행복은 제각각 다르다는 걸 일깨워준다.

유대인은 대학을 선택할 때 그 대학을 졸업하면 좋은 회사에 들어갈 수 있느냐에 대해서는 별로 중요하게 생각하지 않는다. 자신이 무엇이 되고 싶은가, 또 어떻게 되고 싶은가, 자기 진로에 맞는 강좌를 갖추고 있는가 하는 것이 대학 선택의 기준이다. 아인슈타인이 취리히 공과대학에 입학한 것은 그곳이 명문대였기 때문이 아니라 수학과 물리학에 흥미를 갖고 있었기 때문이다. 흥미 있는 분야에 대해 더욱 열심히 공부하고 연구하는 것이 대학의 본래 모습이 아니던가.

아이에게 가장 중요하는 것은 스스로 하고 싶어 하는 의지이다. 이것을 다른 말로 하면 내적 동기, 혹은 자기 동기이다. 아이의 내적 동기를 찾아주기 위해서는 대화가 최고의 방법이다. 부모가 아이와 대화한다는 것은 지시나 명령이 아니다. 대화를 하게 되면 부모는 아이에 대해 잘 파악할 수 있다. 아이가 세속적으로 성공하기보다 자기다운 삶을 살도록 격려하고 싶다면 날마다 깊이 있는 대화를 일상화하여 아이의 기색이 어떠한지 세심하게 살펴봐야 한다. 아이가 힘들어하면 일단 충분히 쉬고 푹 자게 한다. 가족 여행이나 현장학습을 떠나는 것도 좋다. 무엇보다 잠들기 전에 다양한 책을 읽어주고 부모가 스스로 책을 펼치며 공부하는 모습을 보여주면 아이는 스스로 자신이 좋아하는 공부를 찾아서 즐거운 마음으로 하게 될 것이다.

자기 선택이 아닌 부모의 선택으로, 그리고 남들과 비교하여 더 우월해 보이기 위해 살아가는 인생은 꼭두각시의 삶일 뿐이다. 부모가 해줘야 할 것은 사회적인 통념이나 세간의 이목과는 상관없이 아이가 자신만의 선택으로 삶의 주인이 되는 길을 제시하는 것이다. 그 길은 아이의 내면에서 찾아야 할 것이다.

성적은 최상위, 동기는 최하위

아이의 내적인 동기, 즉 자발적인 동기를 유발하는 데 필요한 세 가지 조건이 있다.

첫째, 뚜렷한 목표가 있어야 한다.

둘째, 목표를 달성하는 과정에 스스로 알 수 있는 즉각적인 피드백이 있어야 한다.

셋째, 아이의 능력에 적합한 도전이 있어야 한다.

이 세 가지 조건을 완벽하게 만족시키는 것이 바로 컴퓨터 게임이다. 게임에는 도달해야 할 목표가 있고, 그 과정에서 점수가 즉각 공개되며, 각 단계별로 업그레이드된 도전 과제가 있다. 그래서 아이들은 자발적으로 게임에 푹 빠져 산다. 공부를 게임처럼 할 수 있으면 얼마나 좋을까? 그 방법 중 하나가 하브루타이다.

유대인 중고등학생들의 국제학업성취도나 올림피아드 성적은 한국, 핀란드, 싱가포르 등의 학생들에 비해 신통치 않은 편이다. 하지만 대학이나 대학원에서의 성취도는 눈부시다. 대학 졸업 후 연구 성과는 더욱 향상된다. 그 이유는 공부를 평생에 걸친 장기 레이스로 바라보고 미리 오버 페이스를 하지 않으며, 자신이 하고 싶은 것을 스스로 결정해서 호기심과 내적 동기를 갖고 꾸준히 매진하는 데 있다.

동기에는 외적 동기와 내적 동기가 있다. 외적 동기는 상이나 벌처럼 '마음 밖에서' 주어지는 것이고, 내적 동기는 스스로 하고 싶은 마음이 생기는 것을 말한다. 물론 우리는 스스로 하고 싶어 하는 마음의 힘, 즉 내적 동기를 추구해야 할 것이다.

우리는 주로 좋은 대학이나 안정적이고 돈을 많이 버는 직업, 그리고 1등을 목표로 공부한다. 이것은 모두 외적 동기에 해당한다. 한국 부모에게 가장 부족한 점이 있다면 자녀가 해야 하는 많은 일들을 부모가 대신해 줌으로써 스스로 할 수 있는 능력, 즉 내적 동기를 꺾어 버리는 것이다. 하지만 모든 일에서 내적 동기만이 가장 오래 지속되고 보람을 찾게 하는 가장 강력한 힘이다.

OECD는 2000년부터 3년마다 고등학교 1학년에 해당하는 만 15세 학생들을 대상으로 읽기, 수학, 과학 분야의 국제학업성취도비교평가(PISA)를 하고 있다. 그 결과를 보면 인구가 520만 명밖에 되지 않는 핀란드가 항상 부동의 1위를 차지한다. 우리나라도 PISA에서 최상위권을 유지하고 있다. 그런데 학습 시간당 성적을 보면 최상위권인 한국이 최하위로 밀려난다. 학생들이 점수를 따기 위해 투자한 시간이 그만큼 길다는 뜻이다.

2003년 자료를 보면 평일 기준 한국 학생들의 전체 공부 시간은 8시간 55분이다. 핀란드의 4시간 22분보다 무려 4시간 33분이나 많아 두 배가 넘는다. 일주일을 기준으로 하면 한국 학생이 핀란드 학생보다 무려 31시간 51분을 더 공부에 투자하는 셈이다. 그런데 핀란드 학생들은 적은 시간만 공부하고도 그 두 배 이상 투자한 우리보다 성적이 좋다. 반대로 우리는 핀란드보다 비효율적으로 공부하여 매일 4시간씩 허비하고 있다. 초등학교, 중학교, 고등학교 12년을 계산하면 그야말로 어마어마한 시간을 날려버리고 있는 셈이다. 2008년, 한국을 방문한 앨빈 토플러는 "한국 학생들은 하루 15시간 이상 학교와 학원에서 미래에 필요하지 않은 지식과 존재하지 않을 직업을 위해 시간 낭비를 하고 있다"고 말한 바 있다.

한국직업능력개발원은 2006년 PISA에서 한국 학생들의 수학 점수는 평균 547점으로 세계 4위이지만 주당 학습 시간으로 나눈 시간당 점수는 99점으로 세계 48위에 그쳤고, 이는 한국 학생들의 학습 시간당 효율성이 현저히 떨어진다는 의미라고 해석했다. 그런데 우리보다 수학 성적이 높은 타이완, 홍콩, 핀란드의 시간당 점수는 각각 138점, 151점, 139점으로 한국보다 월등하게 높게 나왔다. 우리는 전혀 효율적으로 공부하지 못하고 있는 것이다. 실제로 2008년 OECD

30개 회원국을 대상으로 평가한 학습 효율화 지수에서 한국은 24위에 머물렀다. 많은 시간을 공부하는데도 학생 자신이 중심이 아닌 교사 위주의 주입식 수업 방식 탓에 스스로 문제를 해결할 능력을 키우지 못하는 것이다.

이런 나라들은 학교에서 공부하는 시간이 비슷하지만, 한국의 경우에는 학원에서 수학을 공부하는 시간이 일본의 3배, 핀란드의 6배가 넘었다. 한국 청소년들은 운동 시간도 하루 13분으로 미국 37분, 독일 24분, 스웨덴 26분, 핀란드 22분의 절반 수준이었다. 특히 청소년의 단체 참여 및 무보수 자원봉사 활동은 한국이 하루 1분에 불과하지만 독일 11분, 핀란드 7분, 미국 8분, 영국과 스웨덴 5분과 몇 배의 차이를 보였다.

또 하나의 차이는 핀란드 학생들은 학습 흥미와 동기가 모두 높은 반면, 한국 학생들은 OECD 41개국 중 수학의 경우 학습 흥미에서 31위, 동기에서 39위로 최하위권이었다. 이 통계는 한국 학생들이 그런 공부를 스스로 하고 싶어서가 아니라 시켜서 했으며, 스스로 노력할 의욕과 에너지가 매우 적다는 것을 보여준다.

성적은 1~3위로 최상위권이면서 공부를 하고 싶어 하는 동기가 최하위권을 기록하는 것은 역설적이지 않을 수 없다. 한국 학생들은 공부 자체를 하고 싶은 것이 아니라 부모가 시켜서, 1등을 하거나 다른 사람에게 인정받기 위해 공부를 하고 있다. 내적 동기가 아니라 외적 동기에 의해 공부하고 있는 것이다.

핀란드는 경쟁 중심이 아니라 팀별 학습을 강조한다. 팀별 학습은 수준이 다양한 아이들의 학업 성취도를 고르게 높여준다. 교육 방식에서도 차이가 있는데, 가장 단순한 예를 들면 덧셈을 가르칠 때 우리는 '2＋7＝□'라는 문제를 낸다. 답은 '9' 하나이다. 하지만 핀란드는 '□＋□＝9'와 같은 문제가 주류를 이룬다. 답은 1과 8, 2와 7, 3과 6, 4와 5 등 다양하다. '문제의 답은 하나'라는 생각과 '문제의 답은 여러 개일 수 있다'는 생각에는 차이가 많다. 이것이 곧 창의성으로 연결되기 때문이다.

2009년, 한국교육과정평가원 홍미영 박사팀이 한국, 핀란드, 오스트레일리아 3개국의 중학교를 조사한 바에 따르면 한국 학생들이 수업 시간에 질문하는 비율이 24퍼센트로 가장 낮았다. 그리고 한국 중학생 10명 중 7명은 과학 시간에 배우는 내용을 완전하게 이해하지 못했다. 과학 시간에 배우는 내용을 '거의 다 이해한다'는 응답이 29퍼센트에 그친 것이다. 이것이 외적 동기에 의지하는 '듣는 수업'의 결과이다.

반면 핀란드의 경우 한 반은 20명에 불과하고, 학생들은 끊임없이 교사에게 질문하며 토론 위주의 수업을 진행한다. 질문과 토론과 논쟁 수업은 이처럼 적은 시간을 투자하고도 공부의 효율을 높인다. 그것이야말로 단순한 지식이 아닌 사고력을 길러주고, 더불어 학습 동기까지 높이는 방법인 것이다.

칭찬도 독이 될 수 있다

한국 학생들은 세계적인 국제경시대회나 올림피아드에서 특출한 능력을 발휘한다. 수학과학성취도평가협회(TIMSS)나 OECD가 실시하는 PISA 등에서 대부분 3위 안에 드는 성취를 이룬다. 그러나 그것은 모두 고등학교까지이다. 대학 이후에 그런 능력을 발휘하는 경우는 매우 드물다. 이유는 외적 동기가 결코 오래가지 않기 때문이다. '스스로 하고 싶은 마음'이 되지 않고는 백날 공부해 봐야 헛일이다.

한국 부모들은 대부분 눈앞에 보이는 결과나 성적에 관심을 갖는다. 어느 대회에 가서 상을 받고, 중간고사와 기말고사에서 좋은 성적을 얻고, 학교에서 1등을 하는 등에만 관심을 기울인다. 그래야 남에게 자랑할 수 있고 폼이 난다. 또 그래야 자식 교육을 잘 시켰다는 칭찬을 들을 수 있다.

그러니 아이가 피아노를 연주하더라도 남들 앞에서 얼마나 피아노를 잘 치느냐, 얼마나 어려운 곡을 골라 연습해서 대회에서 1등을 하는가에만 관심이 있다. 아이가 정말 음악을 좋아하고 즐기는지, 음악적인 감성과 감상 능력은 있는지, 자기감정을 실어서 연주를 하는지, 자기 나름대로 곡을 해석하여 연주하는지에 대해서는 관심이 없다. 이렇게 음악을 배운 아이는 피아노를 잘 치는 기능인이 될 수 있을지 몰라도 진정한 음악가는 될 수 없다. 그림을 기술적으로 잘 그리는 아이가 훗날 길거리에서 다른 사람의 사실적인 초상화 정도는 능숙하게 그려

줄 수 있을지 몰라도 결코 훌륭한 화가는 될 수 없는 것도 같은 맥락으로 해석할 수 있다.

한국에서만 배운 아이가 세계적인 예술가로 성장하는 경우는 매우 드물다. 백남준, 조수미, 정명훈 등은 대부분 외국에서 교육받고 성장한 사람들이다. 왜 그럴까? 한국에서는 피아니스트를 만들기 위해 피아노만 치게 한다. 아이를 화가로 만들기 위해 예중, 예고, 미대를 보내서 계속 그것만 연습하게 한다. 그것이 가장 심각한 차이인 것이다. 물론 그렇게 해서 어느 수준까지는 도달할 수 있지만 결코 세계적인 예술가가 될 수는 없다. 예술은 단지 기술 연마가 아닌 다양하고 풍부한 경험 속에서 피어난다. 훌륭한 예술은 손재주가 아니기 때문이다. 그러므로 부모가 아이의 예술적인 재능을 길러주는 첫걸음은 그것을 정말 좋아하고 즐기게 하는 것이다. 또한 생활 속에서 최대한 아이가 많은 것을 느끼고 경험할 수 있도록 다채로운 환경을 제공하는 것이다.

외적 동기에 대해 전반적으로 연구한 알피 콘은 그의 저서 『상으로 인하여 벌을 받다(Punished by Rewards)』에서 '상과 벌은 독약과 같다'고 말했다. 칭찬은 구체적이어야 효과가 있다. 아이는 진심이 담기지 않은 칭찬이나 거짓된 사과를 얼마든지 눈치 챌 수 있다. 칭찬은 중요하지만, 아이가 지닌 재능이든 기술이든 진실에 기초해야 한다. 상과 벌은 효과가 있긴 하지만 잘못 사용하거나 남용할 경우 심한 부작용을 가져온다. 칭찬만 하면 발전이 없다. 무엇이 잘못됐는지 구체적으로 알아야 그것을 고치고 개선하여 발전할 수 있지 않겠는가?

자신이 원하는 일에 대한 열정을 키워주는 것이 아이를 행복하게 하는 길이다. 유대인은 자녀의 선택과 판단을 존중한다. 그리고 자녀가 자기 주도적인 삶을 만들어갈 수 있도록 인내심을 갖고 지켜본다. 자녀가 잘할 수 있는 일이 무엇인지를 세심하게 관찰하여 끊임없이 격려하고 자극한다. 특히 자녀의 진로에 대해 조언을 할 때는 매우 신중하다. 구체적인 직업이나 특정한 대학이 좋다고 거론하는 것은 금물이다. 부모가 성심껏 그 특징, 장단점, 장래 가능성 등에 대해 이야기해줄 뿐이다. 달란트 교육이든, 진로 교육이든, 꿈을 갖게 하는 것이든 모두 하브루타로 가능하다.

하브루타는 아이들의 호기심에 기초한다. 호기심은 인간의 본능이며, 아이들에게는 뭔가를 배우겠다는 의욕의 표현이다. 또한 아이에게 호기심을 갖게 하는 것은 많은 분야에 관심을 보이게 하는 것이며, 스스로 공부하게 하는 자원이다. 변호사와 검사가 무죄와 유죄를 증명하기 위해 각자 각종 자료를 조사하여 증거를 찾고 논리를 만들 듯이 하브루타는 내적 동기, 즉 스스로 공부하고 싶은 마음을 지속적으로 자극하는 최고의 방법이다. 한국 교육의 성공은 4~5세 때 호기심으로 넘치는 아이들의 질문을 계속 지속시켜주기만 해도 되는 것이다.

확고한 정체성에서
절대적 자신감이 나온다

세계적인 유대 네트워크를 형성하는 정체성 교육

유대인의 힘은 그들만의 정체성, 즉 하나님이 선택한 민족이라는 선민의식에서 나온다. 사실 선민의식이란 특정한 민족이나 특정한 인물만이 소유할 수 있는 것은 아니다. 누구든 스스로 선택받았다고 굳게 믿는다면, 그래서 어떤 고난이 닥치더라도 결국은 하늘이 인도하는 길을 가게 될 것이라는 신념을 갖는다면, 그것은 굉장한 힘으로 작용한다.

'신이 약속한 삶을 위해 어떤 시련도 견뎌내는 민족'이라는 유대인의 정체성은 아주 어릴 때부터 형성된다. 집에서나 학교에서나 삶의 매 순간마다 그들은 유대 문화와 역사 교육을 통해 자기 정체성을 끊임없이 환기한다. 그중에서도 대표적인 것이 바로 유대인 학교와 회당의 데이 스쿨, 그리고 유대인 캠프이다.

유대인 부모가 특히 아이를 캠프에 보내는 이유는 크게 세 가지이다. 첫째, 유대인의 정체성을 어릴 때부터 갖게 하기 위해서이다. 둘째, 공동체 생활을 통해 사회성을 길러주기 위해서이다. 셋째, 유대교 신앙심을 키워주기 위해서이다. 아주 이른 나이 때부터 이런 캠프 생활을 통해 그들은 하나님이나 토라와 탈무드 등을 마치 공기처럼 자연스럽게 받아들이게 된다. 인간의 무의식이나 성격이 거의 대부분 어린 시절에 형성되기 때문에 이 시기에 경험하는 유대인 캠프는 그들의 삶에 절대적인 영향을 미친다. 이 세 가지 이유 중에서 우리가 주목해야 할 것은 첫째와 둘째 이유이므로 그에 대해 더 자세히 이야기하겠다.

유대인 부모는 오래전부터 유대인으로서 자녀의 정체성을 확고히 하고 인성과 사회성을 발달시키는 기회를 제공하기 위해 캠프에 보내 왔다. 유대인 아이는 걸을 수 있고 스스로 화장실에 갈 수 있는 나이, 즉 두 돌 전후부터 캠프에 참여한다. 유대인 캠프는 대개 다섯 살이 될 때까지 매년 참여하고, 특히 학교에 다니는 아이들은 방학이 적기이다. 방학 동안은 아이가 학교의 압박감으로부터 자유로워지는데, 유대인 부모는 이 시기를 자녀의 영적인 필요를 채우고 유대인으로서의 경험을 강렬하게 체험하는 기회로 삼는다.

방학 동안 유대인 아이들은 거의 대부분 유대인 캠프에 참여하여 유대의 역사와 전통을 배운다. 캠프에서는 토라를 가르치고, 선택받은 민족의 역사와 히브리어뿐만 아니라 친구, 스포츠, 인간의 존재 등에 대해서도 가르친다. 좋은 유대인 캠프는 유대주의와 관련된 일상을 체험함으로써 유대인의 문화를 익히고, 유대인이라면 반드시 알아야 할 지식을 배우며, 유대인의 삶의 양식에 대한 책임을 자각하게 한다.

유대인 캠프는 그 기간이 다양한데 보통 두 달 정도 열린다. 이 시기에 유대인으로서의 삶을 경험하는 것은 일 년 동안의 전형적인 교실 교육보다 훨씬 강력한 체험을 제공한다. 캠프는 아이들이 몇 주나 몇 달 동안 놀기 위해 가는 것이 아니다. 아이들은 보다 진지하게 민족적인 정체성에 대한 관심을 불러일으키는 캠프 생활을 통해 공동체 의식 및 동료애를 확립하고 강한 유대감을 형성한다. 캠프는 아이들을 '유대인'이게 하는 강력한 경험을 제공하는 장인 것이다.

하지만 더욱 중요한 것은 캠프에서 아이들끼리 친목을 도모하여 인맥을 쌓는다는 점이다. 이것이 유대 네트워크이다. 유대인의 어린이 여름 캠프는 단순히 한 나라 내의 유대인뿐만 아니라 세계 각지의 유대인 아이들을 대상으로 한다. 세계에서 모여든 아이들은 캠프에서 함께 생활하고 같은 문화를 배움으로써 자신이 유대인임을 자랑스러워하고 자기 민족에 대해 강한 애착심을 가진다. 더불어 어린 나이에 집중적으로 공동체 생활을 체험함으로써 또

::
이스라엘에 찾아온 디아스포라 유대인 청소년들. 이스라엘 여행을 통해 유대인으로서의 민족적인 정체성을 확고하게 다지고 세계적인 인맥을 쌓으며 유대 네트워크를 이룬다.

래들과 어울려 조화롭게 지낼 수 있는 사회성도 자연스럽게 길러진다.

이처럼 유대인이 아이를 유대인 캠프에 보내는 데는 세계에 흩어져 사는 유대인 아이들을 만나게 하려는 목적도 포함되어 있다. 외향은 모두 다르지만 하나라는 동질감을 느끼며 자기 정체성을 깨닫게 하고 성인이 되어서도 민족 네트워크를 이어가게 하려는 것이다.

유대인은 수백 년 동안 서로 다른 국가에서 뿔뿔이 흩어져 살아왔기 때문에 사회성을 교육의 모토로 삼는다. 어려서부터 친구들과 어울려 노는 기회를 자주 만들어주는 것도 사회성 교육의 일환이다. 어른이 된 후에도 유대인의 생활권에는 항상 유대인 커뮤니티 회관이 있어서 지속적으로 교류를 가진다. 그리고 단순히 같은 민족임을 확인하는 데 그치지 않고 인맥과 정보를 나눔으로써 서로의 삶에 도움을 준다. 이런 강력한 연결 고리를 토대로 유대인은 인생 전반에 걸쳐 스스로 '선택받은 사람'이라는 강한 정체성과 자신감을 갖게 되는 것이다. 이런 노력들이 있었기에 유대인은 숱한 시련 속에서도 지금까지 존속해오고 있다.

부모의 체면과 자랑이 아이를 흔들리게 한다

부모를 대상으로 강연하다 보면 가슴에 손을 얹거나 눈물을 흘리며 공감을 표시하곤 한다. 하지만 그때뿐인 경우가 많다. 강연에서 다뤘던 내용들을 가정에서 반드시 실천하겠다고 다짐하지만 며칠 지나면 다시 원점으로 돌아오기 일쑤이다. 신문이나 TV에서 떠드는 말이나 이웃집 아줌마의 한마디에 그 결심이 흔들리는 것이다. 그만큼 자녀 교육에 대한 가치관이 확고하지 못하기 때문이다.

대학에 다니면서 자녀 교육에 대해 3학점도 들은 적이 없는 부모들이 수두룩하다. 그러면서도 한국 부모들은 스스로 교육 전문가라고 생각한다. 한번 생각해 보자. 결혼식은 열심히 준비하지만, 정작 결혼과 인생에 대한 가치관도 세우지 못한 채 덜컥 엄마, 아빠가 되어 '그냥' 아이를 키우고 있지는 않은가?

유대인은 결혼과 동시에 부모교육센터에 다니거나 먼저 아기를 낳은 선배 부모에게서 육아법을 미리 익혀둔다. 아내가 임신을 하면 부부 모두 아기의 건강이나 육아와 관련한 교육을 받으면서 아이를 바르게 키우기 위해 적극적으로 준비한다. 이스라엘에서는 국가가 나서서 부모를 교육하며 기저귀 가는 방법까지도 직접 가르친다.

이스라엘에는 히피(HIPPY, Home Instruction Program for Preschool Youngsters) 프로그램이 있다. 이 프로그램은 영유아기 부모가 교육자로서의 역할을 인식하고 자기 자녀를 교육할 수 있도록 고안됐다. 이미 1968년부터 국가에서 가정방문 요원을 특별히 선발하고 훈련하여 가정에 파견해 왔는데, 요원은 전문 조정자와 이웃 보조자로 나뉜다. 전문 조정자는 가정에서 부모를 면담하고, 면접을 통해 이웃 보조자를 선발한 뒤 그 업무를 지도하고, 히피 프로그램 진행 중에 일어나는 문제들을 처리하는 역할을 한다. 이웃 보조자는 부모를 도와줄 수 있는 이웃의 경험자로 그 집에 직접 찾아가서 육아에 대한 제반 사항을 알려주고 도와주는 역할을 한다. 즉 이웃의 선배 부모가 다른 부모를 도울 수 있도록 네트워크화되어 있는 것이다.

우리는 부모의 가치관이 확고하지 못하기 때문에 자녀에게도 가치관을 제대로 심어주지 못한다. 가치관은 곧 정체성이다. 앞에서도 이야기했듯이 성서에 기초한 유대인의 정체성은 나라 없이도 2천 년 동안 민족의 고유성을 지켜올 만큼 확고하다. 유대인을 유대인답게 하는 것, 그리고 다른 민족보다 더 성공적인 삶을 살게 하는 원동력은 바로 그들의 확고한 정체성에서 나온다. 누가 뭐라고 해도 흔들리지 않고 자기 가치관을 꿋꿋하게 지켜나갈 수 있는 것도 그들의 정체성 덕분이다.

정체성(identity)이란 다른 사람과 나를 구분해 주는 특성이며 자신에 대해 갖고 있는 신념을 말한다. 오랜 시간 동안 다양한 역할과 상황, 그리고 집단과의 관계 속에서 고정된 의미로 살아남은 궁극의 가치이기도 하다. 그것은 개인이 태어날 때부터 타고나는 것이 아니라 타인들과의 상호작용을 통해 발전하고 사회구조를 반영하며 집단 안에서 구현된다.

자신감과 자기 긍지가 뚜렷한 사람은 무엇보다 자기 정체성이 확립되어 있는 사람이다. 자아 정체성이란 나무뿌리와 같아서 정신 속에 깊이 뿌리를 내렸을 때만 굳게 설 수 있고 어떤 폭풍우라도 긍정적인 마음으로 이겨낼 수 있다. 자신을 긍정적으로 바라본다는 것은 단지

'나는 잘났다'고 생각하는 것이 아니다. 자신에 대해 '절대적 자신감'을 갖는 것이다. 그런 자신감은 남과의 비교와는 상관없이 언제 어디서나 스스로 제 빛을 발한다.

한 개인이나 민족에게 자기 정체성을 형성하고 중심을 잡아주는 역할을 하는 사상이 없다면 일시적으로는 흥할 수 있더라도 결국은 뜨내기처럼 사라지기 마련이다. 그것은 이 세상에서 어떤 어려움을 당하더라도 희망을 갖고 살아가게 하는 힘이다. 유대인에게 그 사상은 유대 신앙을 바탕으로 한 선민의식과 역사이다. 유대인은 후손들을 가르치기 위해 끊임없이 자신들의 역사를 수집하고 정리한다. 또한 자신들의 역사를 늘 새롭게 해석하여 후대에 전달한다. 유대인은, 유대 민족은 하나님이 선택한 민족이고 자신은 하나님의 자녀라는 믿음 아래 인간 행위의 가치판단 기준을 토라와 탈무드에 두고 옳고 그름을 판단한다.

그런 유대인과 비교해서 우리가 가장 소홀히 하고 있는 것이 바로 역사, 철학, 신학 등 정체성 교육이다. 물론 신학은 학교에서 강제할 수 없는 과목이지만, 철학 교육은 거의 이루어지지 않고, 한국사마저 가르쳐야 할지 말지를 놓고 정부마다 우왕좌왕하는 것이 우리의 슬픈 현실이다.

한국 부모들은 다른 사람에게 자녀를 자랑할 수만 있으면 그것으로 일단 체면을 유지한다. 심한 경우 자녀가 미국에서 마약을 복용하며 엉터리로 살아도 '미국에 유학 갔다'고 할 수 있으면 그만이다. 자녀가 몇 년째 고시에 떨어지고 지금도 고시 공부를 하고 있어도 자녀가 '고시에 곧 붙을 것'이라고 말하며 체면을 유지한다.

"우리 아들은 벌써 한글을 읽어요!" "우리 딸은 원어민처럼 영어 발음을 해요!" 이렇게 자녀를 자랑하고 싶어서 아직 이른 나이인데도 각종 학원이며 영어 유치원에 보낸다. 하지만 "우리 아들이 이번에 서울대에 들어갔어요"라는 말은 진정 자식 자랑을 하는 것이 아니라 그렇게 키운 부모 자신의 자랑을 하는 것이다. 얼마나 내세울 것이 없으면 자식을 핑계로 자신을 자랑하고 싶어 하겠는가?

이것은 부모가 자기 가치관을 바로 세우지 못했다는 반증이다. 분명한 가치관이 없기 때문에 겉으로 드러난 결과만을 자랑거리로 삼는 것이다. 큰 아파트, 외제 차, 좋은 대학, 명품 가방, 이 모두가 체면으로서의 자랑거리이며 그만큼 속이 비었다는 것을 드러낸다.

만일 아이가 어떤 확고한 신념을 갖고 있고 자신감의 원천인 정체성이 굳건히 형성되어 있다면 부모로서 걱정할 일이 무엇이 있겠는가? "나는 한국인이야. 누구도 나를 무너뜨릴 수 없어. 나에게는 어떤 시련도 이겨낼 수 있는 힘이 있어." 이런 긍지와 부모의 믿음이 아이를 든든하게 받쳐준다면 아이는 세계 어디에 내놓아도 자기 정체성을 잃지 않고 살아갈 것이다. 그런 정체성을 심어주지 못했기에 자기 가치관을 확립하지 못하고 다른 사람의 말에 쉽게 현혹되어 그 의견에 주체성 없이 따라가는 것이다. 내적인 뿌리가 튼튼하지 못하면 설령 아이비리그에 입학했더라도 목표가 사라져 그냥 되는 대로 지내다가 중도에 탈락하게 된다. 의사나 변호사가 되어서도 분명한 가치관이 없으면 허무에 사로잡히고 우울증에 빠져든다. 세계 최고의 자살률이 그것을 말해 주지 않는가?

유대인에게는 '티쿤 올람(Tikkun Olam)'이라는 것이 있다. 유대 신앙의 기본 원리인 티쿤 올람은 '세계를 고친다'는 뜻의 히브리어로 '하나님이 세상을 완벽하게 창조한 것이 아니라 인간이 뭔가 할 수 있는 여지를 남겨두었다'는 뜻이다. 그렇기 때문에 인간은 누구나 세상을 더 나은 곳으로 만들기 위해 노력해야 한다고 유대인은 믿는다. 그게 바로 신의 뜻이자 인간의 의무이며, 하나님의 파트너로서 그런 책임 의식을 지녀야 한다는 것이다. 그들은 인간에게 결정된 것이라고는 거의 없다고 가르친다. 다시 말해서 인간의 본질은 자기 선택에 따라 얼마든지 달라질 수 있다는 뜻이다. 이런 맥락에서 '인간은 창의적이어야 한다'는 그들의 생각이 더욱 설득력을 갖는다.

내가 이스라엘에서 만난 랍비 사무엘은 티쿤 올람에 대해 이렇게 말했다.

"티쿤 올람의 원래 의미는 '신의 창조를 인간이 완전하게 한다'는 것이다. 그 종교적인 해석은 율법을 어떤 상황에 맞게 랍비가 현실적으로 해석하고 바꿔주는 것이다. 이를 현대적으로 해석하면 하나님과 인간이 파트너십을 갖고 세상을 더 좋게 만든다는 것을 의미한다. 특히 남을 도와주는 것은 세상을 더 좋게 만드는 데 필수적이다. 그래서 우리에게는 예전부터 이웃을 돕는 일이 일상적인 것이었다."

개인의 성취나 자아실현도 중요하지만, 성공하고 돈을 많이 벌어서 기부를 하고 자선을 베푸는 데 나머지 인생을 바치는 것도 그런 이유에서이다. 그렇게 높은 이상을 추구하면 중간에 좌절할 일이 없다. 한국 학생들처럼 좋은 대학과 좋은 직장이 목표가 되면 그것을 달성하고 나서는 무엇을 바라봐야 할지 허탈해진다. 하지만 유대인은 세상을 더 좋게 만드는 데 자신이 기여할 수 있는 것을 찾는다.

그뿐만 아니라 유대인은 자신이 어디에 있든지 하나님이 항상 보고 있다고 생각하기 때문에 범죄율이 매우 낮다. 내가 이스라엘을 방문했을 때, 그곳에서 10년 이상 산 한국 교포들은 유대인이 서로를 때리면서 싸우는 모습을 한 번도 본 적이 없다고 입을 모았다. 사실 유대인이 전혀 싸우지 않는 것은 아니다. 유대인도 성격이 급하므로 많이 싸운다. 하지만 말로 싸울 뿐 폭력을 사용하는 일이 거의 없다. 누군가를 때리면 바로 경찰이 출동하여 무조건 먼저 때린 사람이 구속된다.

이스라엘 군인들은 항상 총을 휴대하고 다닌다. 길거리에서 군복을 입지 않고 평상복 차림으로 총을 든 군인들을 많이 볼 수 있다. 이들은 총구를 밑으로 향하게 해서 들고 다니거나 메고 다닌다. 한국 군인들은 총을 들고 군대를 나오면 무기를 소지한 탈영병이 되지만, 그들은 총을 들고 길거리를 활보한다. 테러 사건이 많기 때문에 이스라엘 군인들은 총을 든 채 현장학습에 참여하는 학생들을 에스코트한다. 그래도 그들에게는 총기 사고가 없다. 분명한 정체성과 가치관 위에서 그들은 스스로 자신을 통제하고 있다.

유대인에게 남이 있고 없고는 아무런 상관이 없다. 그들의 교육목표는 이목이 없는 곳에서도 바르게 사는 사람을 기르는 것이다. 다시 한 번 우리 자신에게 물어보자. 우리는 자녀에게 어떤 정체성과 가치관을 심어주고 있는가?

E·P·I·L·O·G·U·E

바로 가는 먼 길, 돌아가는 지름길

한 나그네가 노인에게 도시로 가는 길을 물었다. 노인은 "둘러 가지만 지름길이 있고, 바로 가지만 먼 길이 있다"고 대답했다. 나그네는 바로 가는 길을 알려달라고 했다. 그러나 그 길은 똑바로 쭉 뻗은 길처럼 보였지만 시간이 아주 오래 걸리는 길이었다. 멀리 돌아가는 것처럼 보이지만 지름길은 따로 있었던 것이다.

이것은 탈무드에 나오는 이야기이다. 우리는 당장 눈앞에 결과가 보이는 길을 선택한다. 마치 시험에서 정답을 찾듯이 어떤 문제든 가장 빠르고 정확한 '하나의 해결책'을 찾기에 급급하다. 그것이 옳고 좋은 길처럼 보이기 때문이다. 그러나 하나의 정답을 찾아내는 달인들을 길러내어 겉보기에 가장 가까운 길로 가는 것처럼 보이는 우리의 교육이 '바로 가는 먼 길'임이 드러났다.

우리가 보기에 시간을 터무니없이 낭비하는 유대인의 하브루타 교육은 가장 멀리 돌아가는 길 같지만 사실은 '둘러 가는 지름길'이었던 것이다. 그렇게 더디지만 차근차근 길러진 능력은 각계각층에서 두각을 드러내며 세상의 주목을 받는다.

교육은 마라톤이지 100미터 달리기가 아니다. 한국은 호루라기가 울리자마자 출발해서 폭발력을 내뿜는 데는 세계 최고이지만, 안타깝게도 마라톤 풀코스를 그런 속도로 내내 달릴 수는 없다. 마라톤에서 완주하려면 충분한 체력과 워밍업이 필요하다. 달리기 속도도 처음부터 끝까지 고르게 유지해야 한다. 마라토너들이 패배하거나 포기하는 것은 천천히 뛰기 때문이 아니라 오히려 너무 열심히, 너무 빨리 뛰기 때문이다.

우리는 '더 열심히, 더 많이, 더 빨리' 사고방식에서 벗어나야 한다. 이젠 '다르게, 새롭게' 생각해야 할 때이다. 우리는 오래전부터 '열심히'라는 말을 신봉하며 살아왔다. 그러나 '열심히 하는 것'에는 반드시 전제 조건이 필요하다.

첫째, 방향이 옳아야 한다. 방향이 옳지 않을 때는 열심히 할수록 폐해만 커질 뿐이다.

둘째, 방법이 옳아야 한다. 정확하고 올바른 방법을 알지 못하면 아무리 열심히 해도 좋은 성과를 거둘 수 없다. 책상에 오랫동안 앉아서 교과서를 달달 외우며 공부한 학생의 성적이 좋지 않은 경우는 의외로 많다. 우리가 책상에 앉아 혼자 책을 읽으면서 공부하거나 수업 시간에 선생님의 설명만 열심히 듣는 것은 결코 옳은 방법이 아니다.

셋째, 효율적이어야 한다. 무조건 많은 시간과 정성을 기울이는 것만이 능사는 아니다. 짧은 시간에 올바른 방법으로 정확한 시기에 적은 힘을 기울이고도 좋은 효과를 낼 수 있어야 한다. 효율적으로 일한다는 것은 그 일에 무턱대고 접근하는 것이 아니라 늘 '더 나은 방법'을 생각하면서 창의적이고 체계적으로 일하는 것을 의미한다. 이런 고민과 탐색 속에 발전이 가능하다.

우리는 모든 측면에서 남을 이기기 위해 노력한다. 공부도 남을 이기기 위해서 한다. 하지만 하브루타는 짝과 대화하는 것을 전제로 하고, 친구가 친구를 가르치는 것이므로 협력이 필수적이다. 우리가 흔히 말하는 경쟁력은 결과이다. 경쟁력이라는 결과를 얻기 위해서는 경쟁이 아닌 협력을 선택하는 것이 가장 효율적인 방법이다.

이 책을 집필한 단 한 가지 이유는 '한국인이 방법만 조금 바꾸면 유대인보다 훨씬 뛰어날 수 있는 잠재력을 가지고 있기 때문'이다. 이 책을 통해 독자들에게 권유하는 구체적인 실천 방법은 두 가지이다.

첫째, 하루에 10분이라도 자녀에게 집중해서 함께 대화하고 토론하라.

자녀에게 부모가 하는 말을 한번 곰곰이 생각해 보자. "공부해라"부터 "컴퓨터 그만해라, 텔레비전 그만 봐라, 게임 그만해라, 손 씻어라, 밥 먹어라"에 이르기까지 모두 '해라' 아니면 '하지 마라'이다. 이것은 지시나 요구이지 대화가 아니다. 이런 지시나 요구에서 벗어나 하루

10분이라도 자녀에게 집중해라. 같이 놀아도 되고, 게임을 해도 되고, 목욕을 해도 된다. 대신 아이의 눈높이에서 집중하는 것이 중요하다. 더불어 무엇을 하면서 집중하든 간에 대화를 하면 된다. 놀면서도 대화할 수 있고, 게임하면서도 대화할 수 있고, 목욕하면서도 대화할 수 있다. 목적이나 의도 없이 질문을 하면 된다. 자녀의 친구, 자녀의 문제, 자녀의 고민 등을 그냥 물어서 이해하면 된다. 그 마음을 알아주면 된다. 그렇게만 해도 자녀의 입에서 "우리 부모는 내 마음을 몰라" 같은 말은 안 나올 것이다.

그렇게 자녀와 10분이라도 집중해서 대화하는 습관을 들이면 그 대화는 점차 토론으로 발전하고 논쟁으로 이어진다. 주변에 일어나는 어떤 일상적인 것도 대화의 소재가 될 수 있다. 대화를 토론과 논쟁으로 이어주는 가장 쉬운 방법은 책을 읽고 토론하는 것이다. 사회문제나 정치 문제를 놓고 토론하는 것도 한 방법이다. 그렇게 부모가 원하는 공부를 아이는 가장 효율적으로 하게 되는 것이다. 이것이 자녀로 하여금 마음속에 스트레스를 쌓지 않고 부모를 존경하게 만드는, 가장 쉬우면서도 간단한 방법이다. 점차 그 시간을 조금씩 늘려가라.

둘째, 정기적으로 가족 하브루타 시간을 가져라.

안식일 식탁은 유대인에게 자기 정체성을 지키고, 2천여 년 만에 나라를 되찾고, 성공과 행동을 동시에 거머쥐게 해줬다. 이 식탁의 핵심은 가족끼리 속내를 터놓고 진심으로 대화하는 데 있다. 쉽게 말해서 마음껏 수다를 떠는 게 핵심인 것이다. 우리도 일주일에 한 번 시간을 정해서 가족 하브루타를 하는 것이 매우 중요하다. 가족이 정기적으로 모여 앉아 식사를 즐기면서 즐겁게 대

::
유대인은 가족을 위해 안식일 식탁만큼은 가장 아름다운 식기에 가장 좋은 음식을 나누며 마음 편히 이야기할 수 있도록 풍성하게 차린다.

화하면 된다. 이때 하브루타 시간은 반드시 지속적으로 가져야 한다. 이렇게 모이는 일이 평생 지속돼야 하는 것이다. 자녀들이 결혼해서도 손자들과 함께 이 모임을 계속할 수 있다면 세상 어느 누구도 부럽지 않은 행복한 가정이 될 것이다.

수많은 문제에 대한 해결의 출발점은 항상 '나'와 '가정'이다. '나부터' 실천하면 그 문제는 해결될 가능성이 있지만, 어떤 문제든지 '다른 사람부터'라고 생각하면 결코 해결될 수 없다. 나부터 하브루타를 실천하자. 지금 당장 내가 할 수 있는 것을 찾아서 시작하면 된다. 그것이 변화의 시작이고 삶과 운명을 바꿀 수 있는 혁명의 시작이다.

이 책을 쓰는 데 참고한 자료들

- 고재학(2010) | 부모라면 유대인처럼 | 고양: 위즈덤하우스
- 김경섭 · 김영순(2007) | 세계인으로 키우는 자녀교육의 원칙 | 서울: 21세기북스
- 변순복(2008) | 유태인 교육법 | 서울: 대서
- 육동인(2004) | 0.25%의 힘 | 서울: 아카넷
- 이남규(2004) | IQ 1등 국가, 한국인의 두뇌연구 | 월간조선 2004년 2월호
- 이희영(2004) | 솔로몬 탈무드 | 서울: 동서문화사
- 정연호(2010) | 유대교의 역사적 과정 | 서울: 한국성서학연구소
- 정현모(2011) | 유태인의 공부 | 파주: 성안당
- 조벽(2010) | 인재혁명 | 서울: 해냄
- 채창균 · 유한구(2008) | 사교육 경쟁, 바람직한가? | 서울대학교 교육종합연구원 학술대회 발표집
- 현용수(2006) | 유대인 아버지의 4차원 영재교육 | 서울: 동아일보사
- KBS스페셜 | 유태인 2부작 | 2009년 12월 6일과 13일
- SBS스페셜 | 젖과 꿀 흐르는 땅, 유대인의 미국 | 2005년 9월 5일
- Abraham J. Heschel | 김순현 역(2007) | 안식 | 서울: 복 있는 사람
- Boteach, Shmuley | 정수지 역(2009) | 유태인 가족대화 | 서울: 랜덤하우스
- Dimont, Max | 이희영 역(2002) | 세계 최강성공집단 유대인 | 서울: 동서문화사
- Katz, Eran | 박미영 역(2007) | 천재가 된 제롬 | 서울: 황금가지
- Kolatch, A. J | 김종식 · 김희영 역(2009) | 유대인들은 왜? | 서울: 크리스챤뮤지엄
- Solomon, Victor M | 현용수 역(2005) | 옷을 팔아 책을 사라 | 서울: 쉐마
- Sutter, Andrew J | 남상진 역(2008) | 더룰 | 서울: 북스넷
- Tokayer, Mavin(2010) | 문명 발달과 유대인의 탈무드 | 쉐마교육학회 국제학술대회 발표집
- Tokayer, Mavin | 현용수 역(2007) | 탈무드의 지혜 | 서울: 동아일보사
- Brodie, Rachel(2002) | Jewish Family Education: A Casebook for the Twenty-First Century | LA: Alef Design Group
- Diamant, Anita & Kushner, Karen(2008) | How to Raise a Jewish Child | NY: Schocken Books
- Gruzen, Lee F.(2001) | Raising Your Jewish/Christian Child | NY: Newmarket Press
- Jacobs, Louis(1984) | The Talmudic Argument: A Study in Talmudic Reasoning and Methodology | London: Cambridge University Press
- Jungreis-Wolff, Slovie(2008) | Raising a Child with Soul | NY: St. Martin's Griffin
- Parry, Aaron(2004) | The Talmud | NY: Alpha
- Schuster, Diane T.(2003) | Jewish Lives, Jewish Learning | NY: UAHC Press
- Torah Aura Productions(2007) | Talmud with Training Wheels | LA: Joel Lurie Grishaver
- Wolpe, David J.(1993) | Teaching Your Children About God | NY: Harper